原住民研究叢書 1

台灣布農族部落婦女研究

余桂榕 著

蘭臺出版社

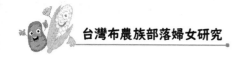

小米成熟時……

　　此時此刻凌晨兩點，女兒正在睡夢中正常規律的打呼著，屋外相思樹上貓頭鷹也一如往常的發出呼、呼、呼的聲音，讓我安心處在這個安全的空間；再也安靜不過的部落也正在休養生息著迎接白天的到來了。

　　在這個時間點上，一般是我與書本奮戰的戰場，寂靜的空氣伴隨作為文本的敵人，讓我心無旁騖可以出草到底，以證明自己的實力。然後再過兩個小時後，我就會被鬧鐘敲醒，趕著路程搭火車南下高雄上課了！而這樣在職進修的生活已年餘了…。

　　每週一天的在職進修是上班一週最期待的一天，暫放工作及家庭生活，屬於自己選擇的空間及時間，徜徉在交通上的移動以及學術思考的遐想，然而偶而感覺脫離人群又不切實際了…。總要有生活實踐的場域吧！(105.03.31 手札)

距離上一篇關於原住民部落論述與實踐的長篇思考，已經有 10 年餘了吧！總期待論述可以朝著社會實踐的進程而改變部落朝向自主及自我詮釋與定義的方向…。這些年來，看著部落原住民教育蓬勃的發展，也感受著眾人對它的積極參與。

　　再跳入另外一個不同學術領域的空間繼續關注原住民議題，教育始終離不開的性別研究，延伸成了我關懷原住民婦女及婦幼議題的實踐。而出版當初以原住民部落婦女生活教育及朝向自我定義的書籍，便成了實踐與社會對話的方式。除了關心原住民教育之外，原住民婦女對教育文化傳承的責任在部落的性別分工裡，其扮演的角色，是對原住民集體社會價值理解的另一個視角。並也藉此書籍出版，希望將過去論文內的脈絡，再以文字的流暢性梳理，並補修疏漏之處。

　　而這就是身在部落現在的我！為何還可以繼續身兼數職的留在這個部落性別分工的角色裡；當我目前人生階段主要的角色還是一位原住民職業婦女：是部落媽媽也是女兒，是人妻、媳婦，還是研究生時…。

　　這篇書名，原取名為〈小米雲端語音 布農母女話語〉，是筆者藉著耕種小米作為媒介，以及部落母女和婦女在耕作上的話語。而將之比擬為雲端的語音，是因為小米文化在現今原住民社會的價值，就如同在雲端一般的很難被貼近與理解，亦如這篇小米必須在學術思考的脈絡裡被理解後，讓人

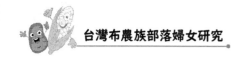

下載再進而轉換（譯）使用。然而，部落又有多少人可以下載及（會）使用？

　　學術理論既然難以理解，那麼將它轉化成一則一則的故事經驗被產出，或許可以是一種貼近普羅大眾的思考。而〈台灣布農族部落婦女研究〉作為一本學術著作來出版，是出版社提醒學術著作出版必須有一定的規範及框架思考…。而我理解「規格」總在社會脈絡裡的重要性…。

　　我相信，機緣會在人生階段中陸續的被展出。而機緣找到一個有緣分的出版社及編輯願意理解這篇故事，是我最大的感恩。從楊主編設身處地的同理及處理我的出版疑問，再到編輯一來一往的細緻及尊重，進而參與在這個故事裡與故事外的人，桂榕除了感恩，還是感恩這一切小米的機緣。需要再次感恩小米！

　　而這本小米中母女的語音，是送給所有願意聽我說故事的人。並期待我們會在另一個空間再相遇。

　　謝謝母親以及我愛的人和愛我的人。

2020.03.16 於關山書齋

廉兮序

　　2009 年桂榕完成碩士論文「採收自在：布農部落婦女生活教育的故事」。十二年後，桂榕改寫碩論出書，邀我為新書寫序。我為桂榕終於完成當年畢業時想出書的心願而高興；更為台灣社會能有立足於布農部落文化地景的教育視域而慶賀。

　　十多年後再次閱讀桂榕寄來的書稿，勾起當時我們在花蓮教育大學課堂與研究室裡，師生聚談的種種畫面。當時我在課堂上使用丘延亮老師早年翻譯奧斯卡・劉易士〈2004〉撰寫的「貧窮文化：墨西哥五個家庭一日生活的實錄」一書，介紹寫實主義民族誌的社會文化批判視角，藉此和學生共同探究庶民生活世界的文化實踐。桂榕在閱讀不同的墨西哥家庭故事中，看見人們面對貧窮生活的艱難與韌力，她也開始述說自身在布農部落成長的經驗，童年的美好與學校教育價值的衝突。

　　我漸漸成為她的忠實聽眾，在她的故事裡，我遇見一個我不曾經驗過，更無從想像的部落世界 ─ 那個吃了蠶寶寶而滿嘴綠油油的嬰兒，在山林中組織老鼠特攻隊的孩童們，

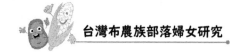

獨自在山上燒水煮飯等著家人回來的女孩 ─ 他們擁有的童年，是我這個在台北都會長大，及長留美的女性教師未曾預見與想像的世界與幸福的方式。

我很希望她能多說一點，說一個來自於我們這片土地上，人們在豐饒的文化土壤中生活的經歷與智謀的故事。為什麼庶民生活經驗的故事重要呢？因為當前台灣教育專業的訓練，多借鏡西方社會發展經驗的理論與視角。在關注教育公平正義的前提下，多倡議學校需要挹注主流教育的學習資源，提升弱勢學生的競爭力。但是，沒有理解，何來公義？我們是否能再想想，怎樣的教育目的是適切的？強與弱的標準是甚麼？誰需要被教育，誰需要被幫助？若教育者無從聽見與意識到我們社會自身發展的經驗中，有著不同的群體經歷與詮釋的視角，教育施為的善與惡也可能只是一線之隔。桂榕的故事給出了另種生活與教育的視野，讓教育者的反身提問成為可能。

桂榕的書裡不只說了她幸福快樂的童年故事，她也描述了和許多部落青年共享的悲傷學習之旅。她的學校故事帶我看見，當原住民孩童離開部落童年，進入一個充斥著漢人的文化歧視與學習成就取向的教育系統中，他們實則進入了一個勢不均、力不敵的無聲文化戰場。離開的被標籤為失敗者，留下來的也傷痕累累。一個原應照顧少年生命成長與發展的教育場所，反成處處侵襲生命靈魂，製造社會創傷的現

場。

　桂榕書裡的部落教習，沒有明確的學習與生活邊界，因為要在生活中學習生命功課。在部落互助的文化生活中，阿嬤們的生命韌力，集體撐起了能接得住各種受傷掉落的靈魂，照看部落家園的永續長存。桂榕的書裡呈現多重置身的社會關係與立場，因此讀者可以在其中看見生命交織的美麗與交錯的遺憾。譬如強調智能、注重課業學習發展的學校與部落文化生活的斷裂，可能就存在於課後把孩子留下寫作業的老師，與送不出去家裡採的梅子的長輩之間。桂榕的這本書讓我們看見在缺少生活經驗與文化視域交融下，教育對話與協作的困境，也來自於不同世界的人們、無從對話的良善。

　在與桂榕協作論文書寫時，我聆聽著她的故事，也感受與咀嚼著阿嬤們的教導。阿嬤讓我看見生活的艱難與美好可以共存。而教學也應如妹疊阿嬤所示範的：對每個生命的照顧與尊重。她在菜園裡把孩子踩壞的菜苗用鋤頭一顆一顆的扶正時說：「我剛長出來的菜被小孩子到菜園玩時踩到，快要死掉，我還是一個一個的想盡辦法把他們弄站起來……」〈頁 92〉。感謝桂榕的出書，讓我再次想起史畢克娃曾提醒的：庶民已經發聲，但我們聽見了嗎？

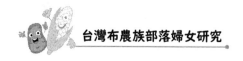

丘延亮 序

由於受邀擔任桂榕碩士論文考試委員的機緣，我認識了這個可敬的、不斷力求上進的新一代布農族女性，不但在她的書寫中增添了極多的珍貴知識，更加強了我對原住民依靠自己的力量重建一個更正誼與合理社會的信心；記得在考試時受到桂榕感動的情況下，我建議希望能夠見到她論文有機會出版，以供更多讀者受益；並藉以回饋她的族人、階級及性別。

匆匆幾年過去了，桂榕在家庭、事業及學習上仍不忘精進，我自廉兮老師處悉知也甚感佩服和高興。更令人驚喜的，接獲他邀我為她《臺灣布農族部落婦女研究》的成書撰寫推薦序文的要求，對此我當然義不容辭，甚至可說受寵若驚、喜出望外。

在捧讀書稿的過去兩週中，我每每在同理的感召下，幾乎忍不住落淚，難以一口氣終卷，慚愧要寫幾句話也拖延了若干時日，煩她來函多次催促。

桂榕的文章這次以研究叢書系列之一的形式見世，無疑為學術增添了少見的、精彩可讀的敘事與省思，但我以為它

的貢獻遠遠超過教育學院中人；我之所以如此說，因為它是社會大眾對布農族婦女的社會教育啟智讀本，我已決定用它做為我教大學原住民專班的必讀文獻；期待桂榕繼續以她驚人的韌力及堅持再寫出新的論文，並予出版，是以完滿她為原住民發聲，為原鄉部落重建戮力的初衷！

海樹兒 序

　　這本書是 <u>adus</u> 根據其本身及其所觀察而描述的布農族部落婦女日常生活的點滴故事。對於作者 <u>adus</u> 的印象是，她是一位喜歡說故事，並樂於表達自己見解的布農族女性。這本書可以說是一本女性主義取向的民族誌，書寫處理的方式，如同作者在本文所提及的：就是說一個故事」，「過癮的寫，且一定要讓自己很過癮、很開心的寫。……」。作者在當中的角色，也如同他自己所述的：「是一個參與觀察的旁觀者，卻也是參與觀察的田野對象」，因此可以說是「躲藏的存在」。此在一般做原住民族的書寫研究裡，算是很特別而少見的。

　　<u>adus</u> 是一位幼兒教育工作者，也是部落婦女，作為這兩種身分所遇到的處境與心情，尤其對部落幼兒教育的關懷、心思、付出、與擔憂，鮮為人知。從這本書中，可以一窺究竟。此外，在這本書中，也可以看見布農族人在當代部落生活的現象，以及布農族現時社會的處境與面臨的問題，尤其是在兒童教育的議題上，是讓我受獲良多的。

　　本書寫作很真誠、很真實。文字裡呈現出來的原住民部

落婦女的處境與辛酸；仍存在著的被大社會以異樣眼光對待的背後的心情；部落的教育問題、族人在異地工作的辛勞；傳統文化的延續、變遷、與挑戰等，表露無遺。

　　我自己在讀這本書時，收穫很多，特別是對於部落婦女在部落生活的處境與辛酸，也有了更多的了解與體會，而這正是我過去從事布農族歷史文化的研究所不足的，謝謝這本書的誕生。因著本書的問世，增加了我自己及布農族部落婦女及幼兒教育議題在當代「被看見」的機會。

Haisul Palalavi
海樹兒‧拔拉菲

目錄 台灣布農族部落婦女研究

壹、一封公開信：
親愛的部落族人，你們好嗎？

◆ 寫在信前面

在這篇研究裡，筆者從經驗敘事的問題意識中，瞭解自己，理解他人，進而辨識差異以及人我關係，再來尋找自我行動的理解與策略。在本文一開頭，筆者選擇用一封公開信，鋪陳本篇論文主要討論的架構與議題。並採取女性主義民族誌的研究取向，把自己與他人的理解，放置到個人參與部落生活勞動的觀察中，理解自己經驗與社群的關係，以至於嘗試在大社會環境中辨識差異，找到對話的位置。

◆ 內心寄不出去的信

一、給家人

（一）給親愛的 dama[1]（爸爸）：你好嗎？

爸爸，我好想你！自從七歲那年生日前夕，你沒有說一

1　dama 為布農族語「爸爸」的意思。本篇文章內的英文拼音，除了文獻及原文出處，餘布農發音都採羅馬拼音，以符合「原音」呈現。

聲就走了，直到我生日的當天，我才知道，你會「暫時」不在身邊陪伴我。而那天，家裡以及全部落的人，甚至附近各界正在為你的逝去而感到婉惜。每天，家屋外擠滿了很多很多來看你、送你的人。而我已經習慣生日當天你會從外面回來送我糖果、祝我生日快樂，也只有那一天我才知道我又多了一歲。

因此，生日當天的我，一直跟媽媽哭鬧：「我的糖果呢？」，「爸爸買的糖果呢？」，從客廳找到房間，又從房間找到廚房的木櫥櫃，把東西翻了又翻，丟了又丟，邊哭邊對媽媽生氣：「我的糖果給我，今天是我生日！」。媽媽沒有說話，只是跟在我後頭，希望能抓住我別胡鬧，給客人笑話了。然而，我卻沒有理會媽媽，反而在客人面前變本加厲的把廚房的門用力關上，發出一聲很大的「蹦！」。我讓自己一個人在裡面繼續找糖果，繼續哭。我也不知道在裡面哭了多久，只知道外頭的人哭的更傷心。後來還是一位部落的婦女媽媽安慰我，給我十塊錢，叫我自己去部落的商店買糖果。我高興起來馬上衝出廚房去買糖果。

我印象非常深刻，在去商店的路上，我沒有遇見任何一個部落的人，好像全世界都沒有人一樣的寂靜與靜止，或許全部都聚集在我們家了。在我買到一個甜食邊吃邊走回家的路上，我突然遇到了一位老人家，像神仙一般出現在我的面前，我看著他並用舌頭舔著我的零食，他半蹲下來對著我

說：「你怎麼一個人在這邊？你不知道你爸爸死了嗎？」。我還是沒有任何感覺，只是覺得爸爸似乎只是要「暫時離開」我一下。

在你出殯的那一天，我們兄弟姐妹，還有很多的人，送你到你的老家（當時已經是荒煙漫草的山上），我站在你的新家旁邊，看著年輕有力的大人，用繩子緩緩把你的棺木放下到已經挖好的土堆裡，當時，我還是沒有感受到你已經真的離開我了。你現在在哪裡？你在那邊好嗎？

很多年以後，我過了國中、高中、大學的時期，我常被部落的人看成是「你爸爸的模樣」，而聽到了很多關於「你爸爸」的事情；「你長得很像你的爸爸！」，「你爸爸是一個好人！」，「你爸爸是一個非常聰明的人！」，「你爸爸很會唱歌！」「你爸爸長的很帥！」，「你爸爸曾經是台灣省山地巡迴文化工作隊的隊長！[2]」，「你爸爸（民46）參加過國語演講比賽第一名！」，「你爸爸在的時候，很關心我們（部落）的生活…」。

我也聽媽媽說了，到現在她還是對你有些不諒解；「你爸爸因為當很多的幹部，所以常不在家」，「你爸爸跟蔣經

2　台灣省山地巡迴文化工作隊，是民國約四十年代初期，國民政府從三十個山地鄉選出各族原住民優秀青年男女，組成文化工作隊，訓練八週後巡迴全省山地鄉。主要任務是宣導政令，反共抗俄，保國造林（來自父親筆者遺物資料）。

國巡迴台灣時，我一個人在家…」，「你爸爸有很多女生喜歡她，人家偷偷告訴我，我都假裝不知道，心想只要照顧你們孩子就好…」，「你爸爸雖然常不在家，也常不幫忙家務，但是家裡的生計都是他負責的，找飯（大白米是當時珍貴的食物）、找菜（打獵）…」，「我嫁來給你爸爸的時候，他們家很窮，又因為不是阿公（繼父）親生的（是阿嬤守寡後帶著唯一存活的兒子改嫁），所以不被疼愛喜歡，趕我們自己出去找地方蓋房子，養孩子…」，「你爸爸去逝後，留給我很多的債務，是他在生病期間所欠下的醫藥費，還有一些我不知道的債，可能…」，「你爸爸常幫助部落的人，對待人家很好，常偷我養的雞鴨送給沒有食物的人家，也不跟我講一聲，最後都是別人跟我說的…」。雖然她常這麼發牢騷，但是，後來我知道，她在想念你的時候，就會藉口說要去山上（老家）工作，其實我知道她是想要去看你，你知道嗎？你現在是否也依然想念著她？

現在媽媽已經把我們養大成人，你放心了吧！她還在繼續照顧、養育你的子子孫孫，這二十多年來，她一路走來真的很辛苦，你應該知道吧！

（二）給我的手足

自有記憶以來，我的哥哥、姐姐就已經離開家鄉在外面工作了。大哥、二哥陸續當兵、工作。三個姐姐為了償還

部落因為颱風而遷移興建的房屋貸款，很早被爸爸送到工廠做零工撿螺絲。印象中，只有在過年的時候才會看到她們回家。

後來，我長大懂事了，在唸國小、國中和高中的同時，她們相繼結婚離開了家，離開了我。我從不知道我有過與他們生活在部落成長的記憶。現在她們依然在外面為了大環境生活，繼續工作付出勞動，也養育了他們自己的兒女。

有時候，我會很想念姐姐她們，我唯一想到她們曾經共同陪伴我的日子；是姐妹四個人走路到山上挖地瓜（當時妹妹更小還無法上山），開心的在雨水中漫步，合力把挖好的兩、三大包地瓜搬回家。還有沿路若遇到在山上工作的人家，會停下來分一些地瓜給他們。我很想念姐姐；大姐在出嫁後，有一天來小學看我，她翻了我寫的作文，我第一次感到有人在關心我的課業，雖然我每次都拿班上的第一名；我很想念二姐，是她教導我信守承諾，在我還是小學六年級的過年，從西部的螺絲工廠回來，答應買了我生平的第一把吉他送我；我很想念三姐，我倆有很多在田裡工作的經驗，比如，她為了烤地瓜，把整個公共造產的土地燒成灰燼，還讓全村的人聽到廣播趕來救火。

大哥在我小時候的記憶中，幾乎都不在家。久久一次會在半夜裡，聽到全村的人聚集在家裡，等待他們到遠洋跑漁船要回來送魚貨的兒子，做短暫停留。約下魚貨的時間，開

車的老闆又趕時間載他們離開部落。由於當時爸爸是村長，所以總是在家裡聚集等待。平常家裡常有部落的人來來去去，因為他們家的孩子，在西部的工廠打零工寫信回來看不懂，就拿信給當村長的爸爸讀，再請爸爸幫忙回信…。我很想念大哥，是他常帶著我去甘蔗園裡放山鼠的夾子，在我等待大哥的同時，我練習採集野菜野果。有時，我在摩托車旁邊玩，等候放完夾子到夜晚的大哥。因此，培養了我一個人在野外的夜晚中，打發時間的勇氣。雖然他現在已經少放夾子了。

我心疼又憤怒二哥，因為他總是給家人帶來麻煩，因喝酒而跑車的工作，常讓他被淘汰而無所事事，雖然他曾經是部落很厲害的獵人。

我和妹妹時常聊天，除了因為我們比上面兄姊的年齡要小很多之外，或許我陪她走過一段她生病的時間，現在她自己開一間美髮造型店當老闆，給她很多的自信。

二、給部落的孩子

從小因為爸媽要去山上工作的關係，我常被放在不同的人家裡照顧。有時候，被放在一個老阿嬤家，我就覺得很孤單，只能跟自己說話，雖然在那裡我不會餓肚子。有時候，被放在很多哥哥姐姐的人家，就很高興有人會跟我玩。現在，我也成了部落婦女的一員，有更多的機會照顧到鄰居友

人因事而託付暫時代為照顧的嬰兒、幼兒還有學童。部落婦女共同養育部落孩子的生活，是過去到現在我的生活經驗，也是部落婦女生活的價值之一。要說自己會成為一位幼教師，早期「經驗」的重要性，不可抹滅。

而在身為一位具有原住民女性身分的幼兒教育工作者，進入婚姻後，更多機會面臨與部落婦女在面對同樣教養子女的問題。而我這個擁有主流幼兒教育專業的部落婦女，一方面常顯得「很專業」，一方面又很自卑於對文化自身的理解有限而想遁逃。即使在學校，面對的不論是以平地人的幼兒為主，或是以原住民的幼兒為主的環境，雖然，大部分的時間我都能悠游來回於教學其中，然而，內心總覺得哪裏產生了某種格格不入[3]。

尤其，這幾年，我常因為工作的因素，往返部落與教學現場，遇到很多所謂家庭破碎的孩子以及學生。大部分是跨世代教養的孩子，也有幾個戶口名簿上父不詳的孩子。多少知道這些父不詳的孩子，是部落的年輕未婚媽媽在外「不小心」[4]，送回來給在部落的老人家撫養，而自己出外工作賺錢供

---

[3]　本段篇幅請參照余桂榕〈處境知識中的經驗：她們是這樣長大的！從一個原住民幼教師的童年經驗開始〉，《2008 生命敘說與多元文化國際研討會》，（2008，樹德科技大學）。

[4]　「不小心」和「甜蜜負擔」，這兩個形容詞，是部落婦女解釋未婚婦女的心境所用的辭句。「不小心」是指女人沒有能好好保護自己的身體。「甜蜜負擔」是指懷胎十個月的孩子能留在身邊作為婦女的「一個希望、期望」。

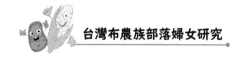

養的「甜蜜負擔」。

由於這些小孩的新面孔，對我來說，在部落已經不再「原味」。他們在團體中的畫面，會顯得「較白皙」與「突兀」。而我對這些孩子的身世，也因為生活與工作的關係，而有了不得不的接觸與了解。是我的生活，也是我的義務。

然而，我內心一直很想跟孩子們說：親愛的小朋友，天主保佑你們！先歡迎你們來到這個屬於你們媽媽的家（娘家），雖然你可能不能住在爸爸的家，可是沒關係，這裡每天有很多不同的好朋友可以一起玩…。

現在你們可能還不知道，或隱隱約約已經知道你為什麼會住在媽媽們的家，而不是爸爸的家。不過，沒關係，這些都不重要，重要的是你有很多愛你的家人，部落的阿公阿嬤、叔叔嬸嬸、姑姑、阿姨以及更多部落的小朋友，都是你的玩伴。

現在的你們，如果可以選擇，你會去住爸爸的家嗎？要你有時去接觸那些不熟悉的世界（爸爸那邊的人、事、物），你喜歡嗎？以後長大你會怎麼看待自己跟你的媽媽，還有爸爸呢？

三、給親愛的布農／部落族人：你們好嗎？

自從離開部落社區工作後，已經很少機會被你們「教育」了，我也因此只能把對你們的關心放在我的心理，以及

反映在我外面的學習來提筆關心部落的議題上。我知道那一段我們相處的時間很短暫，也很匆忙。因為，比起過去部落社區在核心幹部帶領之下的沉默無聲，在你們培養我學習部落服務的同時，我對你們相對快速而前衛的帶領，總是讓你們不停的不得不在學習的最佳狀態當中；然而，從換上部份年輕人幹部的集體活力，到加上幹部總是老面孔的你們，我們的計畫也常是突顯部落老人與年輕人之間斷裂、衝突的危機。最後，我在你們給我的無力感當中，也在自己認同的危機（轉機）當中，提前放下了你們…。

我知道，要在你們過去以父系系統而嚴格遵守領袖帶領的生活規範當中，說服你們；一個曾經從你們襁褓中抱過的女娃兒，可以在多年長大以後，站在你們面前說話表示意見，甚至讓這女／孩子帶領你們，這是一件多麼難奈痛苦的事…。

你們習慣用過去年代的規範看事情、教育年輕人，而部落年輕人也會利用在外面學來的方式跟你們對話。雖然，年輕人總是在過去部落尊重領袖的規範下，接受你們的批評以及建議，但是你們也不得不否認，這些年輕人對你們依老賣老的心態以及期待部落有「轉機」，卻苦於你們的阻礙而感到厭惡；又不得不承認你們的「在地知識」已經不適用在這個大社會環境當中了…。「這些老人就是不放權」、「這些幹部已經習慣吃吃喝喝」、「我們的部落就要這樣沒落消失了

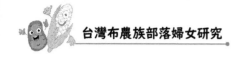

嗎？」…。

　　然而，這些年輕人也不好好檢討自己，「為什麼老人不放心把部落交到你們手中？」、「孩子們沒能讓老人有安全感！」、「部落交給你們會比現在更好嗎？」…。

　　你們開始意識到，現在的孩子不比從前服從、尊重你們，不會說母語跟你們聊天。沒有孩子在身邊照顧你們，你們必須孤獨的自己作農或靠著老人年金過活。平常看病也必須等到病入膏肓後，才有人送你們到醫院去。甚至只有在老人日托班的聚會，你們才能感受到自己還在活著！我想，你們應該更絕望於部落年輕人都不在家了，為了經濟在外面打拼，已經脫離了你們生活的範圍。而你們的天倫之樂，通常也只發生在你已經躺在病床上，沒有多久可以呼吸的時間…。

　　然而，部落的年輕人也很辛苦，他們必須因為經濟市場的生活條件，而離開你們。但是，偶而被市場機制淘汰了後想回家，卻害怕你們用異樣的眼光。他／她們也只能苟延殘喘的在外面勉強果腹度日，不敢回家。要不然，就是厚著臉皮待／呆在部落無所事事、鬱悶酗酒做慢性自殺，甚至憂鬱而直接選擇自殺結束生命。

　　男生也好，女生也罷，他們從來沒有被教育要如何保護自己的身體，而只能用他們年輕的體力來賺錢。男生發生工作意外死亡就算了，女生在外被人玩弄到大肚子，卻因為平

地人唾棄「山地人」，不願接受山地人做媳婦；如果是生男孩，平地人的家長還會偷偷的把孩子帶走，如果是生女孩就不聞不問…。孩子只有獨自生下後偷偷送回給在部落的你們老人家。而這些你們的孩子、部落的未婚媽媽或許為了賺錢供養未婚生下的孩子，或許無顏見江東父老，只能長期在外不見蹤影。在家的你們，老人和小孩，還有在外的年輕人，現在的你們已經很少對話了，而看著你們示範長大的孩子，是你們的未來，該何去何從？或許從過去到現在，他們也從來沒有什麼太大的選擇性，可以選擇如何過生活。

在外沒成就回來的年輕人就算了。而有成就的年輕人、公務員、老師，不是在部落獨戶關起大門過著自己的享樂生活，就是高高在上成為部落的「貴族」，甚至沒有把你們放在眼裡。你們的抱怨越來越多，抱怨村長及社區幹部、怨恨有錢的部落人、更無奈於當地的鄉鎮市公所、政府…。你們不再關心部落的公共議題，而只在乎自己利益的獲得。因為你們很受傷，所以你們對部落的感情因而隱藏起來而沒有生命了…。請問，是什麼讓你們變了？這是你們現在希望的生活嗎？你們好嗎？

四、給親愛的，住在心理的你（原住民知識青年／菁英）：你們好嗎？

什麼是原住民？是不是戶口名簿註記欄，有著山地原

住民或是平地原住民就是！那什麼又是原住民知識青年／精英？是不是我是原住民年輕人，我學會了在外一般的「專業知識」，而必須脫離了原生故鄉的「在地知識」。而我可以用原住民的身分，加上部落老人家不懂地「專業知識」，在部落貢獻專業及意見，服務於部落，有能力替部落發聲，以為就是在為邊緣正當發聲，卻可能因此離你們越來越遠。這樣就算是原住民知識青年／菁英了？如果是這樣，那麼我為什麼要是你們眼中的原住民知識青年？

什麼是專業知識？教育專業？社工專業？醫療專業…？

從小一起玩到大，比我大兩歲而親如姐妹的朋友，<u>阿冰</u>。一個從小就和阿嬤兩個人一起生活的瘦弱女生，她的爸爸、媽媽和兄姐都到都市外面工作，留下她一個人在家由阿嬤照顧，因為她要唸國小。<u>阿冰</u>的阿嬤對她很嚴格，家事都讓她一個人做完，或許是阿嬤也老了做不動。我常看著<u>阿冰</u>先把碗筷洗好，然後掃完家屋與屋外的廣場，再洗廁所…。因為家裡窮，她很少吃飽過。

多年後，<u>阿冰</u>結婚生子（小時候到長大我倆都認為彼此是孩子的乾媽，我是孩子的乾媽！），她把一家三口都養得胖胖的。當時，我的幼教專業告訴她，學前階段的孩子，體重不能超過太多，會造成孩子身心理的負擔…。但是她不聽，她說：「我從小都在餓肚子，現在孩子想吃什麼，我就每天給他吃飽飽的！我不要他像我以前一樣餓肚子難

過…」。最後，我們的孩子在小一的上課期間，因為身體過胖造成心臟負荷不了而死去…。當時，我的幼教專業或許真的可以救了那個孩子，但是阿冰部落過去的生活經驗，卻也救不了她的孩子，反而讓她失去了一個唯一的獨子。他們夫婦沒有再生，因為肥胖。她向我承認並反悔：「對不起！我應該一開始就聽你的話，我不該讓孩子這麼胖…連醫生都在罵我…可是我真的只是不要讓孩子餓肚子…」。你能說她不對嗎？

　　比起部落老人家的經驗技能，我沒有；因為那個經驗技能，只能適用在特定的地理空間當中。比起在部落孕育孩子、養育部落的婦女們的生命力，我沒有；因為我的幼教專業告訴我，如何啟發孩子的智能，沒有面對生命多元的尊重。

　　然而，我是你們這些部落媽媽從小共同養育出來的，我看到你們如何互助養育小孩，我知道你們孩子只要在團體當中，一起快樂的長大就好…。而我也是這樣被你們影響著實踐在我的教學現場及日常生活當中。是你們把我養成這個樣子的嗎？你們現在希望我是一個怎樣的原住民幼教師？部落的婦女？

tancinicini mudan mahalimulmul
u ka bunun siaiku a sa tatagis
ni saiking haiiap tu na masikua
mahalimulmul nak isag
mais milisking tama cina hai
mintatulun saiking

你們部落的孩子，adus palalavi 2008，08

貳、生活田野中的路徑與方法

一、資本主義中的原住民婦女

近些年來，受到全球經濟及政治牽動的影響，例如，台灣政黨輪替影響兩岸關係政策，限制大陸來台人數間接影響觀光發展；進而政府的新南向政策等調整經濟結構的措施，促進區域發展交流及合作、以提升國家經濟產業格局及多元性。又如台灣軍公教人員的年金改革聲浪，使得台灣社會的經濟氛圍也動盪不安、備受關注。而台灣高齡化社會的長期照顧政策 2.0，也改變社會（醫療）產業結構及人才培育的方向，考驗當局政府的智慧…。

而在此一變動當中，位於底層的勞工階級、原住民，首當其衝，政府當局也硬是被擠推出各項應變的方案，例如，調整修改勞基法、落實勞基法等政策，無薪假勞動契約、育嬰留職停薪津貼的實施等。但在同一環境下，另一邊的政府、企業組織以及資本家，卻無視於底層平民百姓的生活，以雇主的優勢地位，享受各項資源。加上媒體運作邏輯的主流操作，政府與資本家是大贏家，有錢的人依

舊是有錢人，貧窮的人卻永遠翻不了身。

失業率提升、社會貧富差距加劇的現象，也產生在原住民部落的社會；有錢的上層公務員、老師是部落的貴族，而沒有工作及打零工或務農維持生計的部落族人則是貧民。使得在社會地位已經瀕臨邊緣的原住民，更落入此一金融危機運作下的犧牲者…。

以上觀點立場，是筆者站在部落普遍的感受，來看大環境下的失業勞工、原住民。然而，在部落的一端，也有另外一種工作類型的人，卻較可能倖免在此一經濟市場機制運作下的人；一輩子靠務農維持生計的人；部落婦女。

目前台灣對原住民女性的想像，可能還停留在八○年代拯救原住民少女雛妓以及涉及色情、人口販賣的階段，或是「悲情化」的貧窮、落勢。使原住民女性總是被貼有刻板印象的污名。然而，這個相對遷出部落的女性人口、都市原住民女性，留在部落的原住民女性，她們的形象是什麼？可能就沒那麼清楚可見。

在原民會（2006）出版的台灣原住民族教育論叢第六輯，針對家庭與婦女的相關論述，雖然已經有都市原住民女性（黃美英、利格拉樂・阿女烏）以及部落原住民女性（梁莉芳、陳明珠）的形象描述，惟除了賴淑娟（2006）針對泰雅族婦女，討論不同世代婦女日常生活的勞動經驗，以建構泰雅族婦女日常生活勞動經驗的圖像之外，大都以討論原住

民婦女與資本主義市場不可分的基礎上，遇到的處境情況及其主體性論述，也提到原住民婦女在族群、性別與階級上多重身份的弱勢，是複雜交錯在同一個位置上。因此，較多是以大環境政策下的視角，觀看原住民婦女形象。而針對原住民內部族群差異性著墨較少，特別針對家庭的、個人的描述更少。

bell hooks（2000）的 Where we stand：Class Matters（立足之地：階級這件事），以自傳性故事的口吻，一一解構了她做為一個黑色美國人對階級、性別上的「個人即政治」，（自傳）「是就我們回憶與創造的樣子說出來」。讓生命故事做為一個邊緣位置解構社會與抵抗的利器。而 collins（2000）在「黑人女性主義思想」討論黑人女性與母職角色的社會文化脈絡，以辨識與白人（社會）女性主義不同的處境與觀點。以下我將以這兩個文本的討論，作為台灣原住民婦女處境的參照。

bell hooks 從她們的家庭空間、物品、人／物的生活事件描述各種故事：「**對孩子們來說，不會想到大人們其實是失業的一群，因為每個人都有事做的忙碌，無所事事的人是無法自給自足的**」。（bell hooks，2000：p.14）似乎原住民婦女日常生活的勞動經驗，除了不是悲觀的經濟條件，更不是資本主義下用金錢衡量的價值。生活只對特定空間裡面的人們而言，因此「失業」對在裡頭忙碌的人而言，就不

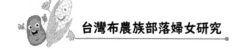

是他們的位置，更不是他們的標籤符號。

對外婆來說，敘事或是傾聽一個故事就是一個知識，講話不是沒有意義的亂講，講話是學習的地方，是所有認識論出發的地方…。（bell hooks，2000：p.15）作為另類的認知方式，女性主義或女人的觀點認識論提議讓女人的經驗而非男人的經驗，成為認知的出發點。（夏傳位，1997）。部落婦女做的經驗與說的故事，就是理解她們知識的起點。理論就是從生活中建構而來的。

「爸爸不尊重女性，認為女性可以像物品一樣被買賣，除了當學校的女老師們，因為她們選擇了做有思想的女性，而且必須忍受獨自生活。而她的媽媽鼓勵尊重這些女性，去尋找、培養心智。」（bell hooks，2000：pp.20-21）

而原住民婦女的處境，不被男性尊重，而婦女共同受到的歧視，會因而支持女兒們往主流社會去學習。

「沒有工作的人，可以去從軍，因為好的薪水能夠讓他養家糊口。不管有沒有種族問題」。（bell hooks，2000：pp.22-23）這是過去至今，時下原住民青年男女，在經濟不景氣當中的適當選擇，尤其在原住民部落更是貼切。而女性則是護理。只要能養家決解當下的困境，管他有沒有格格不入。

「當我要選大學讀書時，錢的問題產生了，即使我申

請了學生貸款與獎學金來支付學費，但是仍然有交通費、書本費等等大多看不到的費用」。（p.25）原住民的社經背景偏低，而且家庭經濟困難是原住民就學困難的主要原因。（李瑛，2006）從我的求學過程當中，家庭金錢的匱乏一直是母親的噩夢，部落沒有就業機會，沒有經濟收入，就是我作為一個學生的夢魘。

「當我的（宿舍）房間遭到搗蛋之後，我發洩了我的憤怒和深刻的傷心，因為我竟然不能保護我的東西不被破壞，不能讓我的空間不被侵犯…我每日憤怒的在那裡挑戰她們的嬉鬧、與習性」。（bell hooks，2000：p.27）

原住民學生適應與中輟問題大都是跟家庭背景有關。（譚光鼎，2000）由於家長教育程度不高，老師們發現要與家長溝通教育孩子也需要家長配合是充滿無力感的事，因為經濟情況不好，家長會也比較沒辦法資助學校設備的更新或幫忙清寒學生的就學。（陳逸君，2006）。而我認為，部落生活的空間與學習氛圍，是在孩子進入學校學習後，感受到的「陌生模式」，使孩子產生了抵抗與自求生存的「學生模式」。

至於關於 bell hooks 中描述的階級，是圍繞著社會經濟地位與族群關係的。是跟所謂「孩子的家庭背景」、「父母的社經地位」有關。而其中母職的角色佔了故事中大量的篇幅，包括母親以及她的外婆佔有足夠影響她的分量。

collins（2000）在媽媽們、女兒們之間社會化的過程中提及，黑人女性在自我價值的建立與母職教育的價值觀上的衝擊；母親希望女兒能夠接受教育養成更好的生活技能，但是這個技能是要有能力負擔家計，而不是提升自我的能力。…黑人母親希望女兒讀書，但是只要讀一些能夠工作就可以了。…這個挑戰主要來自於母親，而讓女兒們感到混淆。…為了求生存，母親們可能要迎合白人雇主的性騷擾（或被強暴），卻也看見了女兒們未來工作可能會走的路。（collins，2000：p.183）

而 bell hooks 提到她的外婆太強勢，還教女兒要跟男人一樣獨立堅強。外婆的話就是法律，尖牙利齒，脾氣不好，所有的事情都必須按照她的規劃來做。而我認為，部落的媽媽也常自動隱藏自己「變成男人」的形象，讓男人覺得自己還是一個「男人」。實際上，男人也知道，他不符合大社會的男人條件，已經讓他成為家庭中沉默的羔羊，這個表現在他可以找男人酗酒、懶惰不事生產，供人使喚表示他究竟還是男人。而家庭中的女人們，才是一個家庭的活力來源。

二、原住民女性中的母職角色

collins 在論及黑人女性與母職時提及：許多美國黑人女性非常安靜的去支持黑人男性（努力保護黑人女性的特質）。…另一個影響黑人女性們沉默的原因，是因為美國白人的女

性主義。不幸地，白人女性主義者，幾乎沒有遺留任何與母職相關的分析。在過去種族隔離政策下的白人女性社會，他們的優勢來自於黑人女性的次級地位。非裔美國黑人女性，也對女性主義有懷疑，既不講理，也不論證女性主義的覺醒。（collins，2000：p.175）。

就像部落婦女一樣，在平日公共領域活動中的出場，通常由男人領導團體，男人成為鄉長、村長、理事長、主席／頭目、巫師，但是真正執行活動過程的卻是婦女的招待、歌舞、清潔。而外面主流的世界，高喊性別主流化的同時，並沒有納入原住民婦女的經驗，反而跟她們似乎沒有關聯。

利格拉樂·阿女烏（2006），也曾經提及在原住民運動期間，男性成了走上街頭的主角，而女性成了背後附屬的弱勢者，只能安靜的支持原住民男性，無法為女性發聲。她也在其比喻都會區中產階級女性運動與原住民女性運動中的矛盾，用「樓上樓下」來形容都會區的中產階級女性運動與原住民女性運動的關係：

原住民女性就像是住在樓下（受壓迫）的居民，視野窄（學識不足），但是耐性強、韌度夠，而樓上呢？住的是都會區的中產階級女性運動者，有比較好的視野，雖然也受到樓上（男性）的壓制，但至少她不是最底層的一群。樓層不同、需求不同、訴求當然也不同。（利格拉樂·阿女烏，2006：p.85）

都會區的中產階級女性的經驗，不是原住民女性經驗。而都會區的原住民女性的經驗，也不見得是原鄉婦女的經驗。位置不同，經驗不同，是需要被不同的訴說，被不同的聽見。

collins（2000）提出：在黑人的母職實踐中，有一個親生媽媽、其他的母親（othermother）和以女人為中心的人際網絡；在許多非裔美國人的社會裡，生母與非生母之間沒有很固定的界線。生物學上的媽媽，或是所謂的親生母親，當然要照顧他們的子女。不過非洲或非裔美國人的社會也認為，把撫養一個孩子的全部責任都交給同一個人並不明智，也不太可能做得到。因此傳統上在黑人母職的習慣中，協助親生母親分擔教養責任的女性是很重要的角色。

其他的母親（othermother）的重要性不只是只有撫養小孩，她還幫助了那些還沒準備好或不想接受母職角色的生母。在面臨種族壓迫時，持續小孩的照顧以及重視（othermother）的育幼責任，是非裔美國黑人社會裡很重要的功能。年輕的女性通常很早就開始練習成其他的母親（othermother）。

黑奴廢止以前，較年長的女人擔任護士和助產士，其他女人大部分的工作則是幫忙有工作的父母照顧孩子。生長在美國南方鄉下社區的小孩，除了生母對他們有責任以外，連阿姨、嬸嬸、姑姑、（外）祖母、以及其他有時間

帶小孩的人都可以算是他們的媽媽。在家族以及非裔美國社群裡，女人的重要地位依然與她們的生母和其他的母親（othermother）的活動有關連。

在 1980 年代，社區的生母和其他的母親（othermother）整體結構遭受到抨擊。種族隔離的廢除以及分級黑鄰（黑人鄰居）的出現大大改變了黑人公民社會的結構。各種不同階級的非裔美國人被分配到新的居所、學校和工作上，這考驗了生母、其他的母親（othermother）和女性中心網絡的主題。（collins，2000：pp.178-181）

而我認為，原住民婦女在傳統互助共養孩子的現象，是部落婦女存在的信仰。自從女性嫁做人婦，成了共同照顧部落的婦女之後，也提高了婦女在部落中的地位。而未婚女性則從小到大都是其他孩子的玩伴、照顧者。

綜合以上黑人女性對於自身處境的理解，用來產生突顯與白人女性的差異，是台灣原民女性可做為不同處境發生的基礎。但是，必須也要反省留意的是，黑人女性的經驗是國外不同社會處境的經驗，台灣原住民女性有她不同空間、社會中的性別關係，阿美族的母系社會、排灣族的貴族階級、布農族的平權社會等，在台灣生長的環境，長出不同的面貌來，面對的將也是不同的挑戰。

在原住民部落，年輕人力投入市場經濟制度後，部落婦女共同養育孩子的價值也有了變化。移動異地所造成必須重

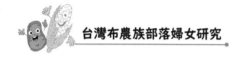

新建立新的人際網絡；低社經地位的勞動條件，將孩子託付給市場化運作的學前機構，增加了經濟上的負擔，增加生活困境的一個變相。而在部落的婦女隨著丈夫舉家遷出，進入都市成為都市原住民婦女之後，因為離開部落以務農維持生計的空間，取之於大自然，用之於大自然熟悉的生活模式，將因地理空間的轉換，而受到限制，婦女們因此必須依賴市場經濟的制度，投入市場交換的勞動力。

　　而人際網路必須重新建立產生的適應困難，是因為在陌生的環境中，除了族群上的差異，還有階級上的分類，都市原住民的人際網路通常只限於熟悉並具有相同背景的原住民，而這些都市原住民通常是少數，反而限制了都市原住民的人際空間，使原住民婦女更孤立無援。所謂專屬於都市原住民女性的貧窮就自然發生了。

» 白人、黃種人、黑人

三、原住民女性的貧窮文化？

　　利格拉樂‧阿女烏（2006）敘寫都市原住民婦女生活史中的討論：台灣的社會在急遽的工業化及蓬勃的經濟發展中，人力供給的因素一直佔有很重要的地位，可以說經濟成長之主要原因。她認為，在原住民婦女也被推拉入這勞力市場時，無數的外勞卻排擠了原住民的生存空間，「外籍勞工」的引進，…成為都市原住民的另一個夢魘。

　　而原住民婦女在進入都市後，除了要面對一般婦女所會遇到的職業婦女的雙重負擔、二度就業的困難等等問題。她也必須承受都市原住民男性所會遭遇到的族群差異、社會適應諸如此類的困境。

　　然而，相對遷出部落而留在部落的婦女們的處境，也是類似都市原住民婦女們的經驗嗎？丘延亮（1999）在「原初豐裕社會」中提及，匱乏與貧窮之所以獨獨在現代工業世界及其邊緣區域廣為散佈，不但是由於市場體制的擴散，在手段與目標間產生了無法跨越的鴻溝，更由於這經濟中所維繫的朝貢關係（也就是階級關係）造成了廣大生產者的悲慘境遇。…尤其是以西方殖民地偏遠地區為甚，在與這些地區相對照之下，狩獵者與採集者的社會無異是「原初的豐裕社會」。（1999：p.21）

　　留在部落婦女的圖像，我暫且用原初豐裕的社會來去定義，因為它是過去，甚至是今天台灣對原住民婦女的人類學

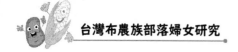

想像：採集的婦女。

以下我將以《貧窮文化》（丘延亮，2004）比較與理解留在部落的婦女們的視框，做為一個庶民研究的基礎。

丘延亮（2004）在演敘《貧窮文化》的導讀中提及，將文化定義為代代相傳的生計樣式，且據此理解貧窮，我人應要注意到事實乃是「現代社會的貧窮絕不是經濟的受剝、解組、或是物質的匱乏。」劉易士強調：「貧窮文化有她的正面性。因為它有一種精神、一種理論（a rationale）、一套防護機制，缺乏這些窮人是活不下去的」（Lewis 1961：xxiv）。換言之，他是一種「生活方式」，驚人的穩定和持續，在家庭的系承中代代相傳。它自有它的風格，對其成員產生特定的社會及心智效應。因此，這個文化既是窮人參與大文化的動力要素，他自己也就成為了一種副文化（subculture）（Lewis,1961：xxiv）。（2004：p.58）

近年來，台北縣許多都市原住民的部落被政府視「違建」拆遷，例如三鶯部落、撒烏瓦知部落、崁津部落、溪州等都市原住民聚集的部落。現在這些都市的原住民，從過去到今天，仍在漂流三、四十年的都市原住民的代代相傳。我認為，就像前面提及的，是希望遵循部落熟悉的生活模式、人際網絡，在新的空間裏打造另一個部落的空間，在大社會環境的洪流中，爭取另一種喘息的空間。是都市中另一種次文化，一種具有生命能動性與穩定發展的副文化。而此「一

套防護機制」，使都市的原住民窮人活了下來。在貧窮文化一書的序言中，（丘延亮，2004）引用兩位人類學家的對話來說明這樣的文化機制：

和其他研究貧窮的取徑比較，劉易士主旨的優勝處在於他清晰地演示了貧窮的副文化並不僅是「病理學的纏結」；相反的，他包含了一組「正相的調適性機制」（a set positive adaptive mechanisms）。這些調適機制是社會地建構的；也就是說，是窮人們從他們日常生活的實際中集體地創發的；他們使得窮人在缺乏他們及無法生存的種種物質與社會條件下存活下來。（Harvey&Reed,1996：p.466-467）

而這種集體創發的文化機制所展現的，也正是人民在生活中的力量與智謀。丘延亮再次申論：

他們「貧窮文化中的人們」始終保有的是堅定的正義感，也具備了善用所長的敏慧，在慘澹嚴苛的生活空間中存活度日。這些窮人發展出一種集體的解決難題風格…一種獨特的社會建構…以便在社會的底層營生；之所以要這樣。端肇因於資本主義社會下的沒有選擇；也由於政治上的無權無勢而少有改善一己社會關係的管道。儘管如此，面對貧困中種種無常，他們盡其在我，絕非只是被動的適應；反而集體地改造生存空間，平復苦痛。貧窮的副文化就是他們共同去蕪存菁的實際經驗之積累；將行得通與行

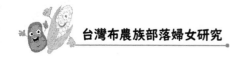

不通的經驗分辨,並傳予下一代。這種草根性的智慧——系統承襲、細心地過濾、不息地探潛——也就是劉易士所說的《貧窮文化》。(丘延亮,2004:p.82-83)

　　不論是《貧窮文化》,還是「庶民研究」作為一個探討視角的庶民,都是在「理解庶民作為他們自己歷史的主體中,確立了反抗在歷史運動裡所佔的核心位置」。(楊文靜 & 黃德興譯,2005:p.257)。

參、女性主義取向的民族誌

一、故事的出現總有因緣

　　從小出生開始，因為家庭的信仰，我也順理成章承接了宗教的信仰，跟著父母成為天主教徒的一員。家庭虔誠的信仰，也對我們子女耳濡目染產生影響。教堂大大小小的彌撒及活動我們都要參加，不論你在哪裡參與。有時候會跟著家人參加教會的彌撒進行到很晚很晚的半夜才回到家。

　　我對神父與修女的印象非常深刻，是因為當時我認為他們講的故事（福音）都很好聽，而且有時候還有糖果吃。家人也常以故事內容教導我們做人處事的道理。或許當時我認為說故事的人令我嚮往，而我希望以後要跟修女們一樣。

　　長大懂事以後，我常無意識會想起這段往事，而希望多跟別人傳達很多的好故事，是很好聽的好話；互相愛人、不要吵架、要原諒…。而我也常在過去教育電台的委製節目裡分享關於很好聽的話及價值；感恩惜福、愛護土地、珍惜大自然…。

　　進入研究所後，有更多機會要說話，可以說話時，我

進入了一場自我理解的過程，卻也是一堂自我抵抗的學術場所。而且，有時候這個學術殿堂，還讓自己常陷入一種掙扎矛盾的狀態；一種底層百姓對學術政治政策躲藏的抵抗。例如，我的論文計畫取向，最後在老師給了很多的理解與分析後，甚至老師間理論的對話衝突後，決定「就是說一個故事」、「要過癮的寫，而且一定要讓自己很過癮的很開心的寫…」。那我就選擇開始說了我的故事！然後現在要說給很多人聽了…。

因為對自身處境的生活很茫然，想理解作為一個我，布農族的女性及原住民幼教專業工作者的處境。如果，我是部落婦女的延續，而我的現在是未來的延續，我的生活與日常行動，就是了解部落婦女們的生活，而我必須從我做為一個布農族女性的觀點來了解她們，從她們的處境中理解她們與我自己。

二、置身其中：處境知識

從自身處境開始說，是女性主義論述中，很重要的一個「方法」。唯物派的女性主義學者 Sandra Harding（1993）的「女性主義立足點理論」（feminist standpoint theory）。強調這種方法論幾個重點是：必須站在女性處境思考（as woman）、研究女人議題（on women）、研究期望是為了要促進女性整體的利益（for women），重視集體性與政治性。

一位原住民部落婦女、女性幼教師，我，嘗試寫下在我生命經驗中此時此刻的處境與過去求學生活的故事，以及身邊部落婦女的經驗。回應「我／她們」的經驗真的可以是知識嗎？自我處境的知識性、理論知識如何形成與被定義？對原住民部落婦女、原住民幼教師與現代社會關係，可能產生什麼樣的參照反映？

黑人女性主義者 collins 在提及黑人女性的自我定義，對於一個黑人女性主義的思想傳統而言是必要的。她認為，自我定義的鬥爭不僅涉及質疑「那些談論非裔美籍女性的內容，而且更是質疑那些擁有權力去定義的人的可信度與意圖」。因此，自我定義的鬥爭「重新塑造整個對話的結構，從抗議一個意象在細節上技術正確與否…到強調支撐整個定義過程本身的權力動態」。因之…黑人女性爭取自我定義…是每一個女人必須首先自願「踏上一段自我追尋之路，企求發現自強的聲音（the voice of empowerment）」。（夏傳位譯，1998：p.177-178）就像 bell hooks：

自傳不是為了重新尋獲失去的天真無邪，而是為了回返一點也不天真無邪的地方，亦即，（我童年時期的傷口與哀痛）。對 hooks 而言，寫自傳的目的不僅是對支配的鬥爭，也是家庭的掙扎。用自傳的形式寫作，最後意味著「寫作中的死亡，將成為解放的象徵」，這種方式「不是要遺忘過去，而是要掙脫它的枷鎖」。（夏傳位譯，

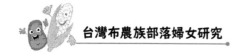

1998：p.188-189）

解放實踐生活的一部份，解釋批判自己在故事中的理解，因為社會是一個建構的過程，而我必須先對自己解讀詮釋，別人才有可能進來解讀，與我產生一種共構的關係。

donna haraway（1991）提出了「處境知識」（situated knowledge）來為女性經驗和地位伸張。而這裡自身處境的知識就是我對自己在部落婦女的位置與所謂「幼教專業」裡的問號與尋找；部落婦女的母職角色為何到現在還是被認為是其主要的責任，她跟一般學前教育的老師有甚麼不一樣，為什麼到了今天少子化並菁英化的學前教育，幼兒園的教保員、教保師的地位還是亦如過去農村時代不被重視。我想，這兩個前後的因果關係、強化關係似乎也就不言而喻了；因為她是女性，而且女性普遍是家庭的主要照顧者，所以女性在學前教育負責照顧（母職）角色是應該的。

collins（1991）在黑人母職中提及，許多非裔美國人的社區把母職神聖化，認為媽媽就是要犧牲自己的生活，遵守規範。許多非裔美國思想家，傾向讚美黑人母職。他們拒絕承認黑人母職是個問題。

在台灣，原住民族婦女的介紹，似乎也如同西方非裔美國人及第三世界女性的處境，有著社會性別、階級、種族等身分認同的差異，是特定而有差異的。而如何呈顯那個差異，從生活方式作為一個族群的實用知識，寫她們的故事就

有它不同經驗的不可取代性。

　　李昭慧（2002）在其生命之河中的自我敘說提及，透過生命經驗的自我探究，釐清各種不同的關係界線，同時看見自己在困境中所使用的生存策略，這種覺察讓作者能更真誠的面對自己的狀態。敘說：「蒐集並說出關於生命的故事，而且寫下經驗」；以故事的形式展現組織的基模—因為，敘說如同說故事一樣。是做為一種人類行為的組織原則，因為人類會根據故事結構思考、覺察、想像以及做道德選擇；而情節會影響其所建構的故事中，人類行為的流動。

　　本篇論文故事中的主角，開始是以一個敘說生活故事的方式，呈現我與布農族部落的婦女們生活的理解。以三個部落阿嬤家庭日常生活的情節。主要是從一位布農族部落阿嬤的家庭中，展開日常生活的人際網絡，與筆者藉由生活中重要她人的部落女性身份，在部落婦女之間反映自我生活的理解。透過女性主義民族誌寫作的方式；參與觀察自我生活中的經驗以及能動性的描述，期望對其生活現況有進一步的認識與理解、自我定義。從與部落婦女的「她者」形象，對自我的反省與建構。

　　與女性主義民族誌不同視界的交錯與分野，在《貧窮文化》（2004）中擔任導讀之一的作者劉少強，引述劉易士的理論旨趣，是用深入的民族誌描述細膩地及親切地演繹窮人的生活方式、他們尋常的日子、他們的想法、他們的感受、

他們的憂患與怨言，以及他們生活的期盼與歡娛。…不可把他的民族誌發現進行抽空理脈的加以普同化。他所以集中家庭研究的目的就是要衝破常見但空洞的普同化理論模式，改以較細小的觀察單位，尋找更堅實的民族誌知識；探看個體怎樣與建制接壤、怎樣出現不同的實踐行動裡，從而通曉窮人生活的複雜性和多樣性。而民族誌研究者的角色企圖：紀錄行為的時候必須謹慎且系統化，用當地人的觀點來解釋其行為是甚麼，詮釋其行為的意義。（Spindler，p.1987：17）

三、故事中的主角

李昭慧（2002）提及女性生活中的反省：一個女性會甘於被收編也正是因為在這樣的關係中得到了這些好處她是被保護的，她也不必與外力抗爭；只不過當時的自己一定沒想過，「被保護」的同義字可以是「限制或壓迫」。而她認為走出困境的兩個重要關鍵是，女性意識覺醒歷程及社會資源與社會政策。女性意識覺醒歷程的重要內涵包含了發聲、姐妹情誼連結及社會結構性位置的質疑與對話。

正如同 collins 所說：

黑人女性的母職觀點，其角色行為，來自一連串不斷重譯的人際關係中。…傳統的黑人母職形象，有利我們看到國家、性意識、階級、種族、性別的壓迫，以及非裔美國女性定義和評價自己母職經驗的壓迫。應該要當「受人

尊敬的媽媽，健康幸福的媽媽」這件事，是被設計好的，他其實是一種壓迫。（collins，2000：p.178-181）

　　而在面對全球原住民議題普遍現象議題的產生，如何將原住民／婦女的生活作為知識系統的轉化，而不是被設計好的「媽媽圖像」。尤其各族群之間的特異，似乎就無法同一或單一化解決之。而阿嬤日常生活中的活動能提供甚麼樣的知識與反省給筆者，參與實踐的生活與行動經驗，似乎將貼切社群的需要與現實。

　　筆者的部落人口目前居住者約有一百多人，約佔原戶籍總人數的三分之一，可見部落人口外流的嚴重性。年輕人都到西部賺錢養家活口，而移出西部的分布，人數以台中、彰化、台北縣居多。因此部落現象是以老人、小孩與狗為主要的主體。而老人之中以女性人數占居多。部落只在過年或掃墓節日以及選舉當天爆滿「返鄉人潮」。不過這幾年來，因為受到經濟不景氣影響，回流的年輕人也不少，因此所謂無所事事、沒有金錢收入定義之下的高失業率也很明顯。

　　因此，鄉公所擴大就業方案的措施，變成是部落年輕人競相爭取的就業機會，卻也無法滿足鄉內需要的村民。

　　部落的生計以務農居多，即使過去農會還會收購玉米、花生、李子、梅子。而現在雖然不收購當地農產品，但是大部分的老人家還是會繼續種植自家食用的食材：：地瓜、南瓜、玉米（亦可養豬、養雞）、各式豆類等野蔬。而留在部

落的年輕人要不就在附近打零工或參加鄉公所輔導擴大就業的工作。要不就無所事事喝酒度過每一天，因為他們沒有學會如何與大自然說話，不知道如何能夠拾回在部落生活的自信與自在。

我「生活田野」[5]中的主角，雖然是以阿嬤們家庭日常生活參與觀察的經驗為主，但其生活中的男性角色，也可輔以說明女性角色的地位。而因為部落婦女們人際關係及社群網絡的互動，例如家人與家人、家族與家族、家族與外族等複雜的社會系統。部落的人，尤其是婦女，不管在部落的，還是在外面工作的親友、朋友，他／她們幾乎都納進了本篇所有探討的議題及角色。另外，跨世代教養及世代間的差異，也錯綜複雜呈現在三個家族結構及社群系統當中，可明顯相互參看對照。如果以十年作為一個世代，妹疊阿嬤是屬於六、七十歲的傳統老人，沙尼阿嬤屬於五、六十歲的年代，而阿丙阿嬤則屬於四、五十歲中壯年的時期，至於筆者 adus 或許可歸類在三、四十歲已婚年輕人的年代。

筆者生活田野中的活動，因居住在部落的關係，尤其 adus 與母親學習種植小米的過程，而有了行動生活田野的前

---

5 「生活田野」一詞，是在與指導教授討論過程中，指導教授認為筆者在田野中的角色，就是一個生活在田野的人，而不是一般研究者在下田野之後，離開田野的關係。是希望解構一般研究不對等的關係與態度。而是必須放在「生活田野」裡來看待「生活田野」。

導研究[6]，以此為經驗，後來才有了發展論文研究的脈絡。而目前除了上班八小時上下班之外，<u>adus</u> 就是一個簡簡單單的部落婦女與部落媽媽的角色。往返部落了解部落生活的脈動。

　　或許是部落系統氛圍的緣故；男人不在、女人當家。婦女主要的生活圈以及支持系統也都以女性為主要。日常生活彼此的連結更為緊密。作為原鄉婦女跨世代勞動經驗及其教育觀的議題，阿嬤們之於一位現代的布農部落婦女以及主流教育的幼教專業工作者；母親之於女兒的教育，對 <u>adus</u> 有一種貼切與實在的信仰。collins 在黑人女性與母職的討論也指出：

　　當黑人母親成為「嚴格尊奉紀律之人，與過度保護」之時，她們的努力反而複雜化了母親─女兒關係。…這種複雜性隱藏在：「我的母親在我非常年幼之時，即透過她自己的例子教我如何生存。…我的生存在學會如何使用她

6　余桂榕，〈原鄉隔代教養的迷思：一個布農族<u>伊布阿嬤</u>與孫女的故事〉，《台灣原住民族教育新思維專輯論文》（出版地：台北，行政院原住民族委員會，2007）。余桂榕，〈「她」的敘事：一封公開信─親愛的部落族人，你們好嗎?〉，《台灣原住民族教育新思維專輯論文》（出版地：台北，行政院原住民族委員會，2008）。余桂榕，〈處境知識中的經驗：她們是這樣長大的！從一個原住民幼教師的童年經驗開始〉，《2008 生命敘說與多元文化國際研討會》（2008，樹德科技大學）。余桂榕，〈小米文化與原鄉婦女的生命力：一個布農族部落一對母女在小米中的對話〉，《文化研究季刊第七期》（2008，遠流）。

給我的武器，也在於去對抗那些我體內不知名的東西。而生存是愛的最偉大的餽贈。有時，對黑人母親而言，這是唯一能給的禮物，而慈愛就此喪失了⋯」。（夏傳位譯，1998：p.179）

自從嫁做人婦之後，adus 也成了部落婦女的一員，一樣時常游移在山林田野間照顧農作物。但不同的是，通常只剩下老老的婦女個人或婦女合作在各自家族的土地上，因為養育家人而持續耕作，這是母親過去至今給 adus 的示範。即使過去部落集體勞動的經驗已經很少，或許這些婦女已經老到沒有體力不能動，或者因為要繼續照顧孫子女而無暇照顧農耕，只能把過去移動的空間縮小到家庭範圍之中，但是這種生活模式依舊持續存在。而部落的小孩也已經因為學校課業活動繁多，不再常出現於山林田野裡，甚至因為與祖父母跨世代相處的因素，而有了日常生活中許多傳統價值與現代知識的衝突。

adus 尋找自身問題而跟著實踐而來，不斷的反省及不斷的行動，創造了屬於自己的認同與知識。釐清自身問題，也回應實踐在現實生活的應用。與部落婦女學習，理解自己的生活處境，尋找新的生活意義。「對 collins 而言，「持續努力地重拾我的聲音」之企圖，最後他所恢復的聲音卻是「春天的聲音」，一個「誠實的、真正的，與獲得力量的」聲音。」（夏傳位譯，1998：p.187-188）

四、躲藏的存在：部落局內外人 (the outsider-within)

　　或許是為了現實生活的環境中，多了一個實踐中研究者的角色，面對自身親友的處境，我有理所當然的瞭解。然而，面對不同家庭的現象，我有「教育專業」與部落文化盲點的限制與預設，都是我要處理自身複雜的「文化」觀點。研究，讓我是一個參與觀察的旁觀者，卻也是參與觀察的田野對象：躲藏的存在。不管誰家的孩子，他／她們一律稱我為「gugu」。我的田野生活總離不開介入他們日常生活的範圍，因為我不可能只是坐在一邊觀察而拒絕她們理所當然要求我教導孩子的作業，解決她們的問題。更不可能拒絕阿嬤們趁我在家的時候，把孩子寄託給我照顧，而她們可以去做平常不能做的事情，例如，去看病。

　　她（collins）創造「家佣」（the domestic）的形象，象徵黑人女性如何從她的邊緣性轉變到「局內外人」（the outsider-within）的認識論立場。（夏傳位譯，1998：p.163）黑人女性到白人家中幫佣，聽到白人社會中的某些最私人的秘密。在自己的家中養護家人，也在白人的社會中養育「另外」的孩子，而且她們經常因為提供適當的意見，而成為白人「家庭」中的名譽成員。黑人女性看待白人社會的觀點，通常不會被自己的丈夫或白人團體所知道。但是這些黑人家佣也明白，她們永遠不會屬於白人「家庭」的，她們是經濟上被剝削的勞工，也因此永遠是局外人。結果是產

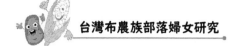

生一個「局內外人」的立場，一種特別的邊緣性，激發黑人女性的特殊觀點。

面對研究者在研究田野的角色，筆者的確陷入深淵的掙扎。因為要挑戰的不只是自身族群詮釋與「教育專業」的觀點與偏見，更要挑戰的是，筆者作為一個研究對象的事實。然而，研究者角色中的自己，反而對此一若即若離的關係，感到放心。我能因脫離他們的生活，沉澱自己，來看待與理解我與她們之間的關係，呈現一種較具沉穩的視角。

然而，gugu，不可能不真實呈現田野的生活現象，因為她是裡面敘述的人，也是裡面生活的人。下面躲藏的存在，只是想說，gugu 從來都沒有離開過她最終關心，也是互相滲透影響田野中有故事的人：

部落巡迴醫療的一天，gugu 回電給剛未接到妹曇阿嬤的電話。

阿嬤接聽了：妳今天打給阿浪說，明天要和林務局去探查山邊的土地，我想帶自己的孩子去，我那天問他，他說要看情形。還有另外的事，我今天去市區看病好了，我知道怎麼去了。（阿嬤若要一個人搭公車去市區看病，會因為陌生環境而很焦慮擔心）

gugu：妳不是說今天基督教（巡迴醫療）要來看病嗎（阿嬤昨天電話裡說要給巡迴醫療看病）？

阿嬤精神好多了解釋：反正我會自己去。

gugu 還是有點不放心，畢竟，多年來阿嬤要去醫院看病，不熟悉的空間及醫療環境（大醫院），對阿嬤來說，總是有一點挑戰：好吧！…我昨天夢到狗咬我的手，咬碎掉了，還夢到（前一天的夢）一直流鼻血。

　　阿嬤又是例行幫孩子解夢的生活以提供指引：那妳如果有病的話，會好起來，會離開你的身體，因為夢有流血，那妳要小心開車啦！

　　gugu：那妳出門要小心哦！

　　阿嬤：好啦！是你要小心。電話過後 gugu 幫阿嬤打給阿嬤的兒子阿浪。（0226 生活雜記）

　　當阿嬤遇到事情需要別人的介入時，她必須判斷找誰幫忙會比較有效，也知道跟誰訴說會得到立即的回應。而被阿嬤作為一個仲介的介入者，研究者的局內外人視角，則必須以理解阿嬤的思考與想法，並替她找到一個對她個人來說是好的辦法，就是一個很重要的田野角色。生活田野中互為影響的角色，絕對不僅僅只是田野中的「研究對象」，而通常就像是「一個銅板都有正反」。

肆、話部落童年 童年部落話

◆ 我是這樣長大的─部落童年再現[7]

在我過去的童年記憶中,或許是女兒的身分,時常跟著部落的婦女在部落的空間活動中移動。到山上採集,幫忙家務及日常生活的集體勞動。大部分的時間,我都是在山林田野中渡過。因為從小與部落婦女的關係密切,而部落婦女所共同養育的孩子就是我共同成長的玩伴,因而有了很多集體的記憶與經驗。

而敘說一個小女孩的故事,其身邊重要他人的婦女角色及地位,也可以是這些她者的過去、現在與未來的連續。

一、布農族部落山上的家

我出生時的家,是從養蠶室而來的記憶。母親說,她和父親先前還跟阿公、阿嬤住在比較高山的茅草屋裡。後來孩子陸續出生而分家,住到附近自己家族尋覓的土地上、建造

---

7 本段篇幅,擷自筆者參與 2008 生命敘說與多元文化國際研討會(2008,樹德科技大學)發表論文中的部分內容。

的茅屋。茅屋前面後來加蓋了養蠶室，是因為國民政府六、七〇年代時期，用「養蠶」來輔導原住民生產活動的一項政策；政府補助部份養蠶室的搭建，由部落的族人自行購買蠶寶寶及利用土地種植桑葉。雖然後來我們也有一個因大水氾濫而遷村的新家，在山的另外一邊，不過，爸媽因為方便就近照顧蠶寶寶及我和妹妹，只好住在養蠶室。

　　一個 T 字型，用木材與水泥磚搭成的家；水泥磚搭建的鐵皮屋是養蠶室用來養蠶。後面接著橫短的屋子本來是住家，是用木頭和茅草搭建而成的。住家左邊三坪不到，是父親與母親合力用木頭與桂竹竹竿做成的床；中間與養蠶室的後門連接成客廳；右邊入口處是用三塊石頭搭建烹煮食物的廚房。住家沒有窗戶，所以只要一燒柴烹煮食物，茅草屋就會籠罩在煙霧瀰漫的藍黑色空氣之中，燻得全家人都在流眼淚。我和妹妹通常躲到床上的棉被裡玩，直到可以出來吃飯了。那個家的四周都是桂竹林與樹叢，我和妹妹常爬上一顆芭樂樹上玩耍，要不就給媽媽養的雞鴨追趕。我在這裡度過我的早期生活經驗。

　　較長大一點的時候，沒有養蠶了，我們就長居住在先前因為颱風淹沒整個部落，而由政府臨時找到的一塊山坡地成為部落新的家園。當初（約民國六十年）每戶新房子共六千元，由政府補貼三千元，剩下的錢由部落各家自行準備來互助搭建。記憶中，只要一下雨，我們就要準備好幾個鋁罐或

臉盆來接廚房、客廳、房間的雨水。這種生活要到我國中期間修建木頭的房屋成了鐵皮屋，我才不怕睡在因屋樑被腐蝕的嚴重，已經快塌下來到頭頂上的木床。

二、最幸福的時刻

六歲前，常和家人跟蠶寶寶住在養蠶室裡，家裡有一段很長的時間都在養蠶。媽媽說我是吃蠶寶寶長大的，因為每次大人們因養蠶照顧忙碌過後，要找到正在探索世界的我的同時，我的嘴唇四周通常都是一片綠油油的，手上還握有蠶寶寶的屍體…。

我住在養蠶室裡，看著蠶寶寶從螞蟻般大，長到牠要幻化成蠶蛹甚至羽化成飛蛾飛走的情景歷歷。在等待的同時，也是全家人收入的期待。清晨三、四點跟著家人摸黑，趁露水充實時，砍下桑葉以補充蠶寶寶一天食物的份量。蠶寶寶大到可以收成的時候，開始從牠們的食物桑葉中撿起一隻又一隻皮膚白白又胖胖的蠶寶寶。大人們會依照慣例的把我抱放置在幾萬隻蠶寶寶的四周，因小孩輕盈的重量不會傷到牠們。他們要我仔細撿起躲在大人伸手不及的蠶寶寶。而有著幼兒階段探索的特質，我一定把所有的蠶寶寶找出來…。

然後，我看到大人把撿好的蠶寶寶放入特製的容器裡，是由細長的硬紙版交錯成好多格子狀，約二、三公分的正方形，把牠們輕輕安放在牠們好吐絲的位置。而我會在一旁把

兩手放入蠕動中的蠶寶寶，感覺牠們在我手上搔癢想鑽出逃跑的樣子。我看著牠們靜靜的吐絲，因不再進食而越來越消瘦，但是我也看到牠們盡心盡力的吐絲要把自己的家蓋好，以利準備下一個牠人生的階段。

再來，我會看見爸爸在一部小機器面前，用它把已經化作白色駝圓形，蠶寶寶的家周圍的蠶絲卸下，蠶絲越集越多真的可以變成我的蠶絲被了，像棉花糖又似白雲般柔軟，我會在其中和妹妹打轉嬉戲，直到爸爸吆喝著媽媽把我們抱開。

我常在養蠶室後院的芭樂樹上爬來爬去，看到自己採的芭樂又大又漂亮真高興，總是吃到不想再吃。走到另一邊養雞鴨的房舍，幫媽媽尋找今天孵出的雞蛋，拿給她作為今天的加菜，而後面通常跟著雞鴨大人作生氣的態勢，要討回牠們的蛋。

有時，媽媽會在一段時間不准我去碰蛋，是因為要等雞或鴨把蛋孵出成幼雞或幼鴨，以增加禽類的數量。而雞或鴨會在遠方親友來拜訪，或是做村長的爸爸吩咐媽媽，要送給較少食物產量的人家時而減少數量。

童年的玩具，是爸爸和哥哥製作與尋找來的，爸爸做的木製手拉車和他獵捕的小松鼠及小鳥；哥哥抓的蚱蜢和蜥蜴都會讓我和妹妹玩上一整天。而我大一點的時候，也會抓昆蟲或者尋找樹上的鳥窩當樂趣。當時，我從來沒有想過有

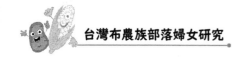

「錢」這個東西，可以買家裏以外要用的物質用品。或許我年紀還太小，或許我認為我是世界上最幸福的孩子了…。

三、山林田野中的「工作與遊戲」

今天又是家裡玉米採收的大日子，因為是第一天採收，大人較忙碌，所以全家大小都去山上幫忙了。低年級階段的 <u>adus</u> 也被帶去供大人差遣吩咐田裡的工作。中午他們要在山上用餐。

大人開始工作時，有的人把砍下的玉米放集中在一處，有的剝玉米在一處，<u>adus</u> 趁大人還不注意她、吩咐她的工作的時候，會先玩起自己的石頭或無所事事在一邊觀看四周的大山和大樹。來幫忙的親戚男孩，在玉米田地靠近路的一邊升起火來，<u>adus</u> 湊近過去看看，並在一旁玩。然後，媽媽總是怕她「無聊」，先是要 <u>adus</u> 去指示方向的地方採野菜，以備中午的用餐配湯。再來吩咐去收集柴火、叮嚀小火可別熄掉了…。大人隨時會把在玉米田找到的蝸牛，往一旁的火堆裡放，或是把未乾還可以吃的玉米，叫 <u>adus</u> 烤熟當零食打發孩子的時間。

過幾天，換了另一個玉米園，在別人家的山上遇到其他人家的小孩，他們會組成「老鼠特攻隊」！務必來個抓鼠運動會，而抓鼠運動會是 <u>adus</u> 從小玩到國中的工作和遊戲：

「<u>adus</u>！你負責找老鼠的後門，怕等下挖老鼠的時候，

趁我們不注意，會從那裡跑掉了…」。隔壁家的哥哥 haisul 指揮著大家負責挖老鼠時的工作分配，因為眼睛較好，所以 adus 每次都是負責這個尋找後門的任務。adus 在距離鼠窩後方約兩、三公尺扇形面積的地方，先把地上的雜草拔除，然後開始找老鼠的後門，找到後用石頭蓋住等著。「savi！你負責先把鼠窩旁邊的雜草拔除，比較容易看到老鼠往哪裡跑得方向，等下大家一起追」。savi 是 haisul 最小的妹妹，總是喜歡跟在他旁邊。「lahu，你負責挖泥土，我來找大門！」。另外吩咐跑最快的 iman 在最後方負責追逐老鼠。其他的兩、三個分成一組，負責看顧周圍的動靜，一有老鼠出來就去追。

　　有智慧的 haisul 總是負責最重要的工作，跪在鼠窩前用手或小鋤頭撥開泥土，再用手指或小木棍在泥土中搓一搓，以循線找出鼠窩。因為老鼠通常會建造許多出路以避人耳目，卻不是真的通往鼠窩之道，所以這是需要有經驗的人來做的。等快挖到鼠窩的巢穴之前（會有零星的草屑），haisul 會要大家警戒開始。有時警戒發布的同時，老鼠會緊張的先往大門衝出來，haisul 若沒有及時抓住，四周負責的人員就去追，而他繼續負責守住大門，以免其他老鼠趁亂逃跑。通常這時大夥兒會手忙腳亂，因為接下來接二連三的老鼠都會四處竄出，haisul 在門口就手到擒來。而這時 adus 除了看顧老鼠的後門或及時抓住老鼠之外，有時也會跟著去追或指揮

老鼠的方向供大家循線追逐。這些鼠輩通常都會被成員抓到，除非那隻老鼠經常參加運動會得名或是有其他障礙物供躲避，才可能被牠逃過一劫。

» 老鼠特攻隊

由學前到國中階段年齡，大大小小不等的孩童所組成的團體成員，他們的家長在有距離的地方工作著，會在孩子一蜂窩吵鬧的時候，偶而回頭看看小孩，看是誰家的小孩先抓到了老鼠。團體成員的時間，常是在抓老鼠的樂趣與工作分配中渡過。最後由領導者 haisul 集合大家，分給每一位成員老鼠，若有多的老鼠，則分配給今天表現最好、對團體貢獻最多與最認真的成員，誰都不會覺得不公平，因為 haisul 必須維護他在成員中領導者的地位，凡事要謹言慎行。而被分

配到的老鼠，就成了孩子向家長炫耀的成就感，也是自己未來一段時間的寵物；在家裡餵牠、跟牠玩，也可以帶去別人家的朋友一起玩。若不想玩了，或是有人養到老鼠生兒育女了，就到田裡野放牠。放心的！大人一定會用鐵夾或鐵籠子把牠再抓回來當料理。雖然當寵物的老鼠，通常會被孩子的粗心大意而脫逃成功…。

「老鼠特攻隊」，每一位參與的成員都有貢獻，有自己負責的角色，同心協力才有可能抓到老鼠。在抓老鼠的過程中，孩子在刺激而熱鬧，有時也是嚴肅的歡樂中，與大家競跑抓老鼠，促進大小肌肉及手眼協調的發展，這是小孩跟著大人到山上時，自己打發時間的樂趣，也是他們的工作。

在沒有上學的時間，adus 會被媽媽帶到自己家的山上工作，沒有其他小朋友一起玩耍，只有一個人的 adus，知道她除了要在媽媽工作需要的時候，遞東西給她如鋤頭、置物袋或飲水之類的東西，也知道和媽媽工作若感到無聊時，可以自己玩石頭、抓蟲及爬樹、唱歌或找野果來吃。

渴了，adus 會去挖蕨類的根，根上面有好多顆粒且水分飽滿可以咬的果實。要不然，她就故意找幸運草讓自己的舌頭遇酸而流口水，這是媽媽曾經這樣教她食用的經驗。看看四周可以玩耍的材料，adus 喜歡先選擇尋找附近可吃的野生紅肉芭樂、有刺刺的野草莓或小顆有毛毛的野百香果，再把採集的野果放進衣服裡，然後爬上樟樹胖胖的樹幹上坐著慢

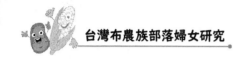

慢的享用。在樹上胡亂的唱歌，累了就抓天牛或看看樹上有無鳥窩。

　　說到找鳥窩的尋寶工作，是 <u>adus</u> 最感刺激的，因為有時為了尋找鳥窩，會不知不覺的離家人越來越遠，甚至因為一個人走回沿路而感到害怕。在樹上的鳥窩若位置太高，就要爬上樹枝去看看，有的鳥窩的家長，會在附近叫著不肯離開，直到 <u>adus</u> 離開，牠才飛回鳥窩裡去。找到的鳥窩有的已經搬走，有的是剛孵出的幾顆蛋，有兩顆蛋的，也有三顆、四顆蛋的。有的是剛孵出來、身體顏色呈肉色的小鳥，<u>adus</u> 會仔細看看正在睡覺的牠們，雖然都會被驚嚇而把脖子伸直、嘴巴張開，以為是媽媽帶食物回來餵牠們，<u>adus</u> 直覺得好笑便離開。若遇到幼鳥的羽毛，已經長成或是在學飛的鳥可以當寵物了，<u>adus</u> 會連鳥帶窩全部一起拿走，路上再找小蟲餵牠們。知道哪一顆樹上有鳥窩，有幾隻小鳥或幾顆蛋，甚至猜測還要多久就會孵出小鳥，是一件可以很驕傲跟朋友分享的秘密。怕被其他夥伴提早拿走，所以只能跟較信任的朋友講，下次再一起去看看。

四、學童時期的家居生活：燒火、煮飯、家務

　　星期假日，<u>adus</u> 一早在送走家人離開到山上工作後，就到隔壁家的隔壁的隔壁的家，找情如姐妹的朋友阿冰玩。媽媽選擇留下 <u>adus</u> 一個人在家，以備晚間家人回來的時候，

有熱開水可以洗澡。這是 adus 學校放假或平常放學後的主要工作─在家燒柴煮開水和煮飯，等工作完的家人回家。

然而，adus 可以趁傍晚來到之前，做自己想做、想玩的事。今天她和阿冰在她家計畫著要玩的內容。可是，必須要先等待阿冰把家事做完才可以出門去玩耍。

阿冰，是一個從小就和阿嬤兩人一起生活的瘦弱女生，她的爸爸、媽媽和兄姐都到都市外面工作，留下她一個人在家由阿嬤照顧，因為她要唸國小。阿冰雖然比 adus 大兩歲是國小六年級，可是 adus 學校優異的成績，常使阿冰要請教她作業上的問題，數學跟注音符號的拼音…。

阿冰的阿嬤對她很嚴格，家事都讓她一個人做完，或許是阿嬤也老了做不動。adus 就常看到阿冰的阿嬤坐在家屋廣場前，嘴裡一邊刁著漏斗煙，一邊叱喝著阿冰那一邊的工作沒有做好，說她懶惰就不能吃飯…。看著阿冰先把碗筷洗好，然後掃完家屋與屋外的廣場，再洗廁所…。有時候，等她做家事太久不能出去玩，adus 就會先回家等待，玩自己的。有時也會幫阿冰做一些工作來加快完成的速度，可是幫忙的機會通常很少，因為阿冰阿嬤的眼神會罵人…。

阿嬤吩咐的家事終於做完了，阿冰照原訂計畫，她偷拿了一些家裡的鹽巴和家裡即將要丟的罐子。adus 拿了家裡放蚊香的鋁罐跟白米和青菜、沙拉油。她們要依約去野外的「秘密基地」會合煮菜，自己生活。

那是一個在距離 adus 家屋後面約五十公尺，有一片大石頭橫躺的一個地方，大石頭周圍通常有樹木或灌木叢圍著，adus 和阿冰常到那裡煮飯菜吃飯，自己解決中餐。有時候，只是純粹玩家家酒的遊戲而已，可是還是會燒火，因為她們會挖附近土地上的地瓜或烤玉米來吃。

一起合力搭好或修建房子後，adus 通常是起柴火準備煮飯菜的，而阿冰是負責修補「家屋」或去找可吃的食物來烤。這玩耍的期間，要花上她們半天的時間甚至到傍晚，她們在其間吃飽了，整理一下自己的家園，然後離開期待下一次再來…。

在那裡，她們倆玩真實生活中的扮演，搭一個家屋；由四周圍的草或灌木組合而成且有空間範圍的家園，家園旁有廚房。「秘密基地」通常有兩個人或三個人，人數不會太多，因為那是她們的「秘密基地」，當然不能讓太多人知道，以免被找到，而可能失去神祕或被較大的兄長搗蛋破壞。

從「秘密基地」回來，adus 一個人在家的廣場前坐著發呆，想起媽媽早上吩咐的家事；剝大豆、燒火煮開水，煮飯。按照時間順序，她先燒開水，因為讓水煮開，花的時間較長；把竹竿用刀劈成一段一段的備用，抓了哥哥他們之前到山上砍的且已經擺放在倉庫一邊的幾塊木頭，然後，拿來了不用的課本或書籍一頁一頁撕下來捲成一團。竹竿放在紙張上面，較細的木頭墊在竹竿上，較粗的木頭依序以「人」

字型的位置擺放。adus 從火材盒拿出火材點燃，接觸露出的紙張，火舌漸漸燒開，可是，竹竿通常無法一次就燒成火，於是再加入紙張放進竹竿下，直到火點燃全部的竹竿與木頭，adus 放心了。接下來，只要固定時間去加木頭就可以把開水煮開。然後，她走到廚房準備用電鍋煮飯；撈起袋子裏的三碗白米到內鍋裡，放在水龍頭下接水，用兩手搓一搓白米直到水變成白色混濁，倒掉洗米水，再重覆一次動作後，用食指測量水量確保可以煮熟白米，要不然會像前幾次一樣把飯煮成太硬，或煮成太軟。adus 把內鍋放入電鍋裡，插入電鍋插頭，把指示燈按到炊飯燈後，自信的離開。

　　家事已經完成一半，剩下剝大豆。adus 要剝大豆之前，先去外頭看煮開水的火勢並再加一些粗木頭。然後，她才較輕鬆的把媽媽前一天從山上採收的大豆，自廚房拿來的袋子全部倒在地上，並拿了一個容器放在旁邊，把剝出來的大豆放進去。一條大豆通常有四、五顆，少者一、兩顆。adus 在等待洗澡水煮開的同時，也在期待家人快點回家，因為她都已經準備好了自己的工作；開水煮開了，家人若還不回來，adus 就必須一直加柴火看顧，否則會像上次貪玩，讓火熄滅了，熱水不熱被媽媽罵…。

　　天漸漸暗下來，一個人在家的 adus，必須忍耐孤獨害怕的時間，常到馬路邊探頭看看媽媽從山邊工作下山回來了沒…。

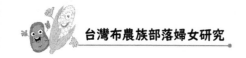

◆ 格格不入的學校生活，是什麼？

我的國小和國中的學校生活，因為是唸當地的學校，學生都是布農族人，所以我不會覺得有什麼不一樣的地方。唯一讓我納悶的是，學校作業讓我覺得好辛苦，國語字詞寫很多遍、很多行、背誦更多遍，數學題目家裡根本都不用而且覺得也好艱澀難懂，英文的學習比母語的學習更難，學也學不會。還好我們大家都沒有錢補習，離市區那麼遠，也沒有老師願意幫我們課輔，這樣就不用辛苦一整天到晚上。

然而，家庭經濟困難的學校生活，也讓我在求學路上有很多深刻難忘的記憶。我家有五個姐妹，老大、老二、老三的姐姐年齡都很相近，所有她們的衣物都可以輪流穿用好幾年。但是，雖然她們有很多衣服，卻也不是新買的，是世界展望會發給部落的每戶人家一包的衣物。她們的書包、白衣、藍裙、襪子、帽子、運動鞋、內褲、便服等都可以互相穿。可是，因為我比她們年紀小好幾歲，輪到我念小學的時候，要穿姐姐們的衣物上學時，衣服都變色老舊了；退色的橘黃帽子、米黃大白衣、沒有皺摺的藍裙、破洞的襪子蕾絲邊脫落、大大寬鬆的運動鞋、大大的內褲及便服。換到妹妹要上學時，媽媽已經全部幫她換新的了。

記得那是剛上國小的時候，全校師生在操場舉行揭開每日學習開始的重大升旗典禮中，在整齊劃一的制服與司儀一

連串一個口令一個動作敬完禮畢後，稍微鬆了一口氣。緊接著的是師長在台上喋喋不休的訓示；用功唸書、報效國家、保密防諜、人人有責之類的故事。

我穿著大小不一的制服在行列中顯得突兀，一來是略顯中性的阿哥哥髮型及男孩般的黑臉蛋，二來是衣服尺寸的舒適問題，讓我疲於束裝動來動去。讓終於不敵歲月催老的內褲，在我束裝的過程中，因為橡皮彈性疲乏斷裂而滑落下到我的兩膝蓋中被我及時夾住（還好耶）。操場上嚴肅訓話的氛圍讓學生不敢四目亂飄，我得以逃過那嘲笑中的臉紅心跳與害怕。

終於師長司令台上致詞結束，我才若無其事的用兩手夾著裙子與內褲，在行進隊伍中半跑進教室，並趁隙走到三姐六年級教室的門口。小聲在姐姐的耳朵旁說：「我的內褲壞掉了怎麼辦？」。我沒有哭也很鎮靜。三姐拉著我，也若無其事的帶我到廁所裏面，掀開我的裙子，查看內褲有無修復的可能性，她想，可以用她們在玩的橡皮圈，可是要回教室去拿，三姐要我反鎖在廁所裡等她。這時，我才大哭起來，怕姐姐忘了我在廁所不回來了我該怎麼辦。姐姐半搗住我的嘴巴要我：「別哭啦！」、「我馬上會回來啦！」。

我好焦急，時間在一日不見如隔三秋般難耐中度過，害怕有人敲門，害怕上課了沒有人知道我，害怕姐姐沒有回來找我…。終於聽到姐姐的跑步聲接近，敲了我躲起來的廁所

的門，幫我把內褲多的布綁在另一邊固定，並叮嚀我：「不能亂動會掉下來」。我擦乾眼淚，就這樣我們各自回教室，那一天，我沒有下課，也沒有上廁所，直到放學回家。

然而，雖然我家沒有錢買新衣物，可是我的家，山上有很多可以吃飽的食物，媽媽會到山上帶回所有好吃的食物：地瓜、南瓜、木瓜、甘蔗、芭樂…。我現在想為什麼我要上小學？如果可以不上小學，我可以在家，在山上裡跟著媽媽一起學習山上的工作，而且有可能就不會發生這件讓我難過的事…。

或許是我家沒有錢，尤其從爸爸過世後留下龐大的醫藥費債務給媽媽之後，更每下愈況。從國小開始，我就在假日不上學的時間跟姐姐們去打零工，像是走路到兩公里外的茶葉工廠撿茶葉、到別人家種玉米、收玉米、砍草、拔花生。一天的薪水從國小一年級的四十元到國中時的三百五十元。後來，國小畢業後的每個暑假我開始去西部，在姐姐們的工廠打工，兩個月的薪水大概都一萬多元。暑假放完開學時，我用它繳學費上學，還幫忙家裡的生活。

國中時期的通車生活，也讓我很難忘。由於我的部落是公車的終點站，所以早上搭公車，我們同一間學校的學生都會有座位直到學校的站牌下車，傍晚搭回家的公車，我們也有座位直到家的車站下車。這中間會經過一間平地人就讀的國中，也因此有時候，他們在和我們的同一輛公車上，會沒

有位置而用站的上學或放學。也就是這段期間，我們同部落的學生，會安靜下來不再聊天或者各自看自己的書，或者看看外面的風景，以避開這些平地人學生的眼神與議論。這段時間總是讓我害怕與焦慮，因為當時，我雖然聽不懂台語，但是我知道裡頭有很多「番仔」的字眼，是我熟悉的。加上他們不時用惡劣與鄙視的眼神向我們幾個部落的學生打量，大家都知道他們在談論我們。而我永遠不會忘記時常站在我旁邊的那個人，她的長相，皮膚白皙、身材短小，但是說話很大聲。即使到現在，在街上看到她，我都還是不敢正眼看著她，因為我很害怕她會再說我「番仔」。

　　或許是家裡沒有錢，國中畢業後，我去唸了一所天主教的護校，他們說女生唸護校，男生唸軍校，可以馬上賺錢養家，所以我就在姐姐們的幫助與金錢支助下，去唸了私立的護校。由於我第一次出遠門，沒有家人在旁邊，而開學前一天我就隻身來到學校。因為宿舍還沒有開，我被安排跟修女們一起睡。記得那天晚上，因為修女們要去祈禱聚會之類的活動，留我一個人在宿舍。因為過度害怕會有壞人進來，我把所有修女們房間的窗戶、門鎖都反鎖起來，讓因為想念家、想念媽媽而哭泣的自己躲在棉被裡。也不知道時間有多晚，才聽到很多人的叫門聲，叫我開門。我忘了是自己幫修女們開門的，還是修女們去找鑰匙開門進來的，就是很害怕陌生的環境…。

　　後來，我終於在不吃不喝的學習狀態中，每天哭著要在部落老家的媽媽，把我接回家。我不要在全部我都不認識而陌生的地方活著…。後來，我跟著二姐在西部邊打工，邊自學唸書，第二年我重考，去唸了老家市區的女子中學，因為要省錢，所以一定要住宿。住宿第一天的晚上，我不敢再跟媽媽哭訴著要回家，但是試著哭著打電話給部落叔叔級的長輩說，我要回家，叔叔扭不過我的苦苦哀求，叫了一台計程車去學校接我回家，花了叔叔五百元的車資。後來，我因為想家無法好好唸書，媽媽就同意我可以通車不住校了。

　　過去在學校的學習經驗，進入高中以後，我的數學從來沒有「真正」及格過，總是在害怕與僥倖的心理下度過每一堂數學課，我不喜歡數學課，數學課本的例題我很少做會過或弄懂。沒有生活化的例子，沒有具體的經驗，未知數代表什麼？我從來就分不清楚。我裝懂的累了，我背了許多數學公式，但是，我從來就沒有在部落使用過它。

　　我不喜歡數學，不喜歡很多教育體制的規定。我用來對抗這些壓力以及課堂中充斥無聊、冷漠的方式，是想像另一種完全不同的教學和學習經驗；我在山上自由唱歌、爬樹算葉子或果實，我在田裡幫忙家人採收李子、梅子，裝成一袋又一袋，一公斤十五塊錢，五十公斤共七百五十塊錢。這是我的生活。

　　老師從不問我課本以外的事，只是要我們認真讀書、

大考小考，複習，補考…。我累了，我要休息，我就請病假（或類似生理假吧）在家和媽媽兩眼相視一天…。

　　進入高中的學校生活，才讓我開始感覺到自己與別人的不同，除了原住民口音常被同學模仿取笑之外，學校也常全校廣播：「同學注意、同學注意，×××報告：原住民的同學，請至…集合」。有時候是要原住民學生出去練「山地舞」，有時候是去填（研究）問卷，有時候是去輔導室辦的活動。但印象最深刻的，還是在班上第一次自我介紹，在結語邀請同學來我家玩時，同學們的回應：「你家有公車嗎」、「你家有電視嗎？」、「你們那裡有電話嗎？」「你們那裡有電線杆嗎？」，獲得了全班同學的嬉笑聲後，我也只能點頭並默默的從講台上低頭走回自己的位置上。

　　可能是我家沒有錢，高中畢業我考取了私立大學，我知道我的母親很早以前就告訴我，無法讓我繼續唸書，應該要賺錢幫忙家裡的生活了。但是為了喜歡唸書，我只好去了他們希望我去的軍事學校念書，不用花錢，讀書期間還有生活費可以拿。

　　在部隊的短暫生活，我雖然體會到了團體合作的精神，卻讓我不能適應因為操課訓練佔滿全部生活，而無法獲得外面世界的訊息。而我一直很想要唸書，但是在那一段時間我沒有辦法如願。雖然我的歌聲讓部隊長官印象很深刻而慰留，但我還是要離開不符合我個人期待的軍事學校生活。

　　我又違背媽媽期待我去賺錢養家的想法，去一邊工作賺錢，一邊自修唸書一年，是為了再重考學校，是我想要繼續自我進修的地方，重考大學後，我進了國立的學校系所。我一步一步向前走。過程當中，我除了靠學校獎學金當生活費，也有家裡姐姐們陸續嫁做人婦後繼續的支持，還有許多親友師長的鼓勵。媽媽也開始尊重我的決定在精神上支持我。只是在大三升大四那年的暑假，我又面臨了開學後，學費及生活費的瓶頸，因為我的妹妹當時要升學唸私立專科學校，需要比我更多的學費。她告訴我：「姐，我想要繼續唸書，怎麼辦？」。我知道沒有錢不能唸書的痛苦。當時她也正在生病，家人都勸她先把病養好再說，但是她跟我一樣，堅持要繼續唸書，越是阻擾，越是抵抗它。我只好休學放下我的課業，至少我先念了一半，我先去賺學費再打算復學的問題。一年後，我回去學校把書唸完了，而妹妹因為生病的關係，休學了讓我帶在身邊照顧。而這段期間，我的一位幼教學程老師默默幫助我度過這個經濟的難關。

　　我家沒有錢可以供我們姐妹唸書，但是沒有關係，我休學一年去打工賺錢，隔年再回學校繼續唸書就可以了。可是，每當我拼命可以進到學校唸書的時候，為什麼我都要面對因為我是原住民的身分而來的異樣眼光與羞辱；我的大學某同學可以坐在我的隔壁，計算談論著哪一位原住民同學的原始成績（加分前），不能進入這間國立大學，佔去了她好

朋友的名額…。我的一些老師可以用食指，指著一堆坐在一起的原住民學生說：「尤其原住民的同學，我會當人，注意一點…。」那時，我常在想，原住民是什麼東西？

» 分裂

◆ 幼教專業工作者與布農部落婦女

　　從小學開始，我的志願就是要當說故事給小朋友聽的老師。要當一位老師從來沒有改變過！因此要成為老師之前，就要按照程序與規範去修習成為老師之前的課程與訓練。為此，不顧家人需要經濟支援的困境與反對，我離開了可以不必花錢讀書，就有收入的軍中生活，而跑去重考大學。念了一個能夠成為一個說故事給人聽的老師的學系：幼兒保育系。後來同時也修習幼稚園教師學程，使自己成為老師的距離越來越靠近。幼稚園實習一年完之後，我終於有了大家認可的幼稚園教師合格證，讓自己在幼教市場上，可以有更多的選擇機會。所以我是一個合格專業的幼教老師。

　　而我的幼教專業告訴我，要達成幼稚園教育的目標內容當時是：維護幼兒身心健康、養成幼兒良好習慣、充實幼兒生活經驗、增進幼兒倫理觀念、培養幼兒合群習性。又在我當時的幼教課程標準裡面，規定幼稚園課程要包含健康、遊戲、音樂、工作、語文、常識六大領域的統整性課程，並輔以幼兒生活經驗，來逐步建構幼兒的認知，以符合幼兒身心發展的原則。再來要執行課程教材教法的途徑，我除了要精通很多的課程模式：蒙特梭利、主題教學、高瞻、華德福等等之外，我更要有能自編教材及教具等十八般的武藝。而為了要讓自己很專業，也能給行政教學交代，我的課程設計、教案要寫的很完美與細緻，讓人找不到破綻。跟家長溝通主要是把大團體的規範傳達，增強孩子智力的表現。讓孩子變成一個讓老師與家長都讚美的人…。

　　是的，我在園所做得非常好，非常專業。就連自己也佩服自己在教學與行政的能力。而這樣的自信，除了在園所被師生與社區肯定之外，更在我的家教學生裡得到印證；一個被醫療團隊鑑定為心理年齡一歲兩個月，而實際年齡卻已經三歲的輕度自閉症幼兒，可以在我的手上不到三個月的時間，再去被鑑定為已符合實際年齡並超過實際年齡的優異表現；一個被鑑定中重度過動的幼兒，可以在第一次見面拳打腳踢、惡言相向，讓我在大馬路上追逐超過一百公尺，並在學校幼稚園被給予無法學習的評語，之後的一兩個月，可以

安靜坐著完成連續三節課的學習與閱讀。還有還有…。這些被學校邊緣化與問題化的孩子怎麼了呢？進入學校就無法變成「普通人」一般？

然而，接受一般教育的體制後，我像一般原住民的年輕人，為了大環境生活，投入市場經濟體制，離開自己的家鄉到異地教書。雖說異地，卻也熟悉的像是在偏遠部落的原住民鄉鎮一樣，被人遺忘。

當時在異地的我，卻莫名的感到被人遺忘的美好。我用自己熟悉與喜歡的課堂方式與孩童上課學習；上山，在田裡挖地瓜跟抓蟲、玩草。下海，在海邊游泳、找貝殼跟玩沙。在部落社區，到孩童家作客學習，請阿公、阿嬤講故事給我們聽。大大小小的師生，在馬路上奔跑嬉鬧，按著孩童決定去某個小朋友家看奇珍異寶…。教室幾乎只是用來吃飯午休及應付輔導長官視察時的作業時間及靜止空間。部落的涼亭才是我們喜愛討論與分享的地方。這樣的原住民幼教師生活，與部落社區打成一片，自然誠懇相待的生活，真是愜意。

直到有一天，先前嫁給平地人後又因生活習俗不同而離婚的婦女家長，語重心長的跟我反應：「××老師，用你在市區教育小朋友的方式來教育我的孩子。多寫作業、多考試，因為他們以後還是要出去跟人家競爭…」。是的，這些原住民孩子的未來幾乎會像我一樣，不得不進入一般平地社

會融入生活，甚至再也不回頭。然而，我卻相信他們仍然有權力可以跟我一樣，在孩提的時代，有我快樂而回味無窮的童年，累積樂觀與寬廣的心胸，並培養團結合作與分工的情意，以應付未來生活的挑戰。但是，我和這些部落婦女的關係，在經過社會變遷後所產生的移動，是否有一些已經不得不接受的事實與妥協？

　　然而，雖然我都能悠游於各種環境的園所，但總是在原住民的學校裡頭，會感到越來越不開心，是一種衝突與格格不入的感覺；當廠商私底下跟我溝通偏遠地區大班的孩子不需要用到大班教材，只寄送中小班教材時；當行政工作只是應付上級長官及各項輔導評鑑，資料的準備總是美麗與不切實際時；當孩子的智力表現被學校及家長要求，而我的孩子並不快樂時…。我當老師不開心！我不再訂購廠商推薦一般學校用的教材，而傾向自行設計以符合當地學校與社區資源的教材；我不再按評鑑格式化與評量化我的教學，而採彈性又符合評鑑多元的項目；用另一種遊戲經驗的方式，貼近社區以及利用在地資源的傳遞，表達我因材施教、感恩自然的幼教理念。因為當孩子的環境只有山與溪流圍繞的時候，他為甚麼一定要去陌生的兒童樂園玩。當孩子的經驗都是大海與水中生物的時候，他為什麼一定要到台北木柵動物園認識動物。教材真的可以一體適用？

　　一位布農族的女性，我接受的是不同於部落體系的教

育，離開部落到外面求學，學習外面世界的一套「專業教育」價值。回到自己的部落時，發現部落已非自己所能想像般的那樣親近；認同來回於部落與主流社會的掙扎，在實踐部落文化與經濟需求的兩難中持續發酵。她不熟悉它，而它也不熟悉她。自己像一個長期住在那裡的旅行者，永遠看不清它的浮動。小時候懵懵懂懂的記憶，大一點的時候又正忙著應付成長，到現在離開又回來反反覆覆。在自己企圖觀看它的同時，我也在被它觀看著…。

平日在親友家中，妹疊阿嬤[8]的生活經驗裡，就常幫忙鄰居友人看顧其家中的孩子，有時也會在緊急時，請別人臨時看顧她的兩個孫女。在幾次的經驗裡，我這個部落人回到妹疊阿嬤的家，遇到阿嬤家前面的廣場及客廳，裝滿了鄰居及親朋好友的孩子，加上妹疊阿嬤的兩個孫女約十來個，有些孩子我還照顧過，有的面孔我很陌生。

妹疊阿嬤在屋外的爐灶上，翻弄著大大小小的地瓜。我坐在她旁邊，她告訴我，哪個孩子是給她代為照顧的。也回應我，哪個孩子是哪一戶人家的。其他的孩子就是來這邊各自找朋友玩的。看著大大小小從一歲到國小中高年級的孩童，較大的在一起玩有規則的「一朵花」，較小的在花園裡玩「家家酒」，還有其他大小不等的孩子或旁觀或來回穿梭其中。後來原本是阿嬤的角色，卻因我的存在而變成了他

8　妹疊阿嬤，是平日生活中，筆者重要的親人。

們遊戲與爭執的裁判者。最後，我通常索性指揮問他們要不要聽故事書。一股腦兒孩子排排坐在我的面前，我們共同欣賞故事並分享與討論的經驗，都是部落生活的畫面，我好開心的感動而想落淚。直到妹疊阿嬤對著我們喊：地瓜可以吃了。兩個孫女跑在前頭，其他小孩也陸續圍在妹疊阿嬤旁邊或排隊等著領地瓜。

與妹疊阿嬤的聊天，我可以了解部落的家長發生了什麼事；還可以看到孩童在一起玩的遊戲文化，也看到了自己成長的圖像。孩子被放在不同的家庭環境中成長，除了多接觸以及刺激生活應變的能力之外，也達到認識其他小朋友可共同玩耍的玩伴，並拓展人際關係。在團體生活中學習合作與獨立成長。部落的婦女彼此了解與互助的情感，也被孩子所耳濡目染而建立信任。沒有外面一般托育的酬勞與利益交換的問題，只有彼此互相照應、噓寒問暖以及凝聚部落家庭的情意。孩子在此一部落紛圍中學習互助與分享，習得生活的價值信仰與人生觀。

回到部落現實的生活，我接觸的常是原鄉跨世代教養家庭的親友，並不得不參與解決教養家庭學童教育與課業輔導的問題。卻也在其中驚訝並掙扎於自己對孩子的影響力；我害怕外面的生活世界令他們嚮往，就如同我害怕自己已跟部落產生某種格格不入，而讓孩子有了不適合家庭經濟、部落價值的態度；我懷疑自己先前預設的教育專業，可以解決部

落跨世代教養家庭其祖孫實際的問題。尤其當老師這個身分已經代表一個權威以及不容質疑的專業的時候，對部落的阿嬤跟在學的孩子如此，對部落社區也是如此。但是，當我常帶他們出現在山上採集野果野菜、挖地瓜、撿蝸牛回家給阿嬤們，並且在其中獲得許多樂趣的時候，我這個部落的「老師」也才較坦然。

　　我，成為布農族的幼兒教師後，在教學現場、在部落生活，我跟其他的老師有什麼差別？布農族的教養觀之於我的教學現場，可以是什麼？多元文化教育尊重不同族群的差異，回到自身生活的實踐，對部落婦女的自我與部落教養觀的理解，是生活處境中必須面對的。部落文化的教養觀我若無法理解，如果我不能判斷並調整用主流價值「教師專業」的觀點，來面對部落的孩子及處理威權關係，那麼在我已經被質疑的身體裡的掙扎與難耐，只有自己獨自承受。

　　而在我因為親友關係的身分介入跨世代教養家庭中的祖孫之間，我看見一個中介者在其中協調及轉化的角色；在我正式成為部落婦女支持系統的一員，實際體會到部落婦女共同養育與照顧部落孩子的重要性時，我知道我依然屬於這裡，而且從來沒有離開過。

◆ 教育與學校教育不是等號

現在，我也是一位布農族的部落婦女，也必須在部落照顧並且關心部落大家的孩子。就像過去一樣，我也要跟部落婦女一起養育部落的孩子。可是，不斷在變的部落，現在有很多父母親或長期或短暫外出工作，無法就近照顧自己的孩子，而請家人或親朋好友代為照顧。然而，這些孩子卻被學校認為是一個問題家庭；隔代教養、破碎家庭；父母不關心孩子，造成孩子學業低成就…。就像是描寫過去我的學生生活一樣，那樣被人標籤與對待。

而回到我的童年學習，adus 在「教育與文化」的經驗，或許可以反映了原住民社會結構、經濟、教育、人口、就業等議題。她們在田裡的生活經驗、在家裡的成長經驗，都是因應著部落生活的文化脈絡，而有她們自然豐富的生活圖像。然而，卻也因此文化脈絡與大社會環境的矛盾而落入邊緣。

但是，我認為，在 adus 山林田野的童年生活當中，不論是一個人找鳥窩或是很多人挖老鼠打發時間，都有自己在文化生活階段中，要自動自發做到「工作」與「遊戲」的任務，學習一個人獨處跟大自然萬物對話，學習在團體中建立友誼…。又例如，與蠶寶寶相處「愉快」的經驗、認識蠶寶寶一生的生活是與家庭勞動關係共同存在的；在「秘密基地」的扮演遊戲中，adus 煮飯菜、阿冰找食物；在跟家人去

田裡工作的山林裡，自行採集野果、野菜、提早學習生活的技能，直接觀察大自然的生命，健康自然的學習成長，是部落生活「教育與文化」階段的自主學習，也是與文化脈絡重要關係的聯結。

　　尤其，學習團隊合作與個人分工的重要性；學習分擔家事與性別分工的部落氛圍；adus 一個人在家，為自己一天的時間做「工作」分配，先到「秘密基地」，模仿學習獨立的生活，並學習與人相處及分工合作。再回到現實生活中的家務時間分配，燒開水、煮飯、剝大豆而產生的技能與情意…。自主學習的生活目標，培養樂觀進取的態度，也都是現行教育在學前階段與學童階段主要學習的教育目標，而原住民的孩子很早便在日常生活當中，熟練與精熟這些學習了。部落的「經驗課程」[9]使原住民的孩子，在學習的成長路上，一向是充滿自我肯定與獨立自主的經驗，對於自我活動的時間及安排擁有很多的自主性。然而，為何進入了體制內的校園，卻成了邊緣弱勢、學業成就低落等污名化的主要族群？原住民學生在部落、在家庭日常生活中，早已習得的學習（學校）目標，如何在教育體制內被評量？其學習風格的特色有無被學校教育所重視？而對原住民學生紙筆測量與評量的標準何在？又為誰而存在？

9　　此「經驗課程」的相關論述，是參見高淑清等人翻譯的「探索生活經驗：建立敏思行動教育學的人文科學」。

　　部落教養的議題，幾乎是部落婦女的全部。她貼近我的生活經驗，也是我苦於面對的處境。部落婦女的生活與教養的方式，在我的部落經驗中，畢竟看見有其文化脈絡的不同，而那個脈絡若是被一般大眾放在同一個價值的檢驗標準下來檢視，似乎就無法去理解部落生活的價值與教養根本的問題。

　　孕育部落、教養下一代的議題，部落婦女擔任重要的關鍵角色，使不論是部落文化的傳承還是其他生活的面向，都與部落婦女無法分離。而了解部落婦女及其教養文化相關的議題，就必須了解部落婦女日常的生活與價值。

　　回到部落實際生活的層面，原鄉跨世代教養的家庭，部落婦女常因生活中的自我價值，互助系統具體呈現於日常生活當中，是一個在地性生活的文化。然而，部落婦女互助系統的情況，有無其他與現代社會關係的意義？在布農族教育觀的意義如何？跟我作為一個原住民幼教師的理解又是什麼？

　　我的幼教學習；蒙特梭利沒有把 adus 的勞動經驗（童工？）放入在原住民家庭經濟生產的結構當中討論，當初是以特殊幼兒為教育起點的教材教具，成了培養現代時尚而菁英學生的教育；高瞻課程的計畫、工作與回顧以及老師觀察的主要項目六大經驗：引發（自主）活動、社會關係、創造性表徵、音樂及動作、語言及讀寫、邏輯與數學，也沒有讓

孩子真正有自我主動學習的發展，發揮 adus 自主學習以及生活技能的精神，而觀察的軼事紀錄變得只是指導性功能的引導；華德福的自然與美是刻意營造出來的浪漫，讓人疏離而變得自我，與 adus 童年個人的能力是建立在團體共識的基礎上，大不相同。似乎又不太真實而美麗了。甚麼、甚麼教學法都標榜著以幼兒為中心，然而，那個中心似乎卻圍繞著大人的世界在運轉；因為我們希望孩子的未來，是符合我們大人社會的期待…。

當我進入被差異對待的學校生活後，我感到很自卑，總是獨來獨往，偶有跟住在市區的原住民同學講話，不過她們的父母通常都是高社經地位的家長，也都跟市區長大的學生是同學、好朋友。我，一個從山上下來的「番仔」，還是跟這些市區的原住民同學不一樣。但是，到底哪裡不一樣？

公車上沿途的沉默、市區環境陌生的分離焦慮、學校課業的抵抗以及求學路上的顛簸等，adus 的童年與青年的學習生活是倆個世界的模樣。童年與部落緊密的聯繫，到了青年必須離開熟悉的母體，漂流在外，痛苦難耐的鄉愁，到底是為了什麼？

一位專業幼教工作者和一位布農族部落婦女，漂流再飄流，多重社會的身分之於我，時常有一種遁入分裂狀態的困境，而這個困境我該如何自處，我選擇暫時跳脫忍受這般焦慮…。

伍、部落學習與教育
部落婦女走過春夏秋冬

◆ 春之將至：開墾播種、開學了

穿梭在部落農田與學校體制的學習；部落生活隨著阿嬤的農耕作物與日常律動在進行；孩子學校的學習，也在家庭作業與孩童人際關係上打轉著…

一、小米的家族與朋友

新的小米園預定地已經在前些日子確定並開墾完畢了！記得那是一件很惱人的事！isdanza[10] 的大兒子布衮，之前已經用砍草機清理過也燒過乾草了，後來卻因為正職工作沒有休假，而遲遲無法親自動工，而雜草春又生成滿地，惹得妻子 gugu 是唸唸不休又要除草整理一次。這些年布衮的軍職工作常讓他無法來去自如在部落的理想而無法如願以償。

10　是布衮在部落的家族名稱。

這次開墾的土地是已經荒煙漫草很久的祖先土地，也是布衾懂事以來第一次在自己的祖先土地上工作。是順應妻子不停的提醒要好好練習工作，以應付未來生活的挑戰。對布衾來說，站在祖先的土地上，天氣涼爽加上溫暖的太陽似乎正對著自己微笑，萬象更新，一切都是那麼的新鮮與被期待。開墾工作由於時間的緊迫，只好花一點工錢，請人用翻土機再整理一次了。

　　細長平坦約三分地大小的面積，是過去祖先的住家用地。後來世代分家，後代衰落，自從布衾父親過世之後，便放著無人問津，和布衾父親同父異母的叔叔達虎去遠洋多年，近年來，才有了已回到台灣的消息。

　　一樣新奇的現象也在小米土地周圍附近發生；平日無人管理的土地在布衾夫婦整地後，周邊鄰近土地開始都變得有人在土石上奔走了，先是一塊一塊土地被翻土機整理過，再是小徑中人來人往穿梭。接著吃驚的小鳥及附近的雉雞也常來觀望是怎麼一回事。旁邊陡岩峭壁上的飛鼠、山羌及獼猴，在遠處樹上用望眼鏡在伺機而動。布衾和妻子對此一現象感到高興，總算部落的動物都動了起來，至少這一年不會孤單在山林田野下。似乎是去年妻子 gugu 播撒部落多年不復見的小米以後，來自部落老人的關心而聞雞起舞的結果吧！

　　由於去年耕種的小米面積較小，但收成豐富，引來老

人的談論與新鮮感。而今年妻子 gugu 想種多一點來食用，加上 gugu 的媽媽和部落老人也喜歡吃小米，於是與布袞溝通後換了較大的耕作地。親戚幾戶人家也跟進，先是長輩 dama[11] 將夫婦播種小米，後來是 dama龍的妻子灑下的。而另外體力不到那邊而在自家菜園播灑小米的是布袞的外婆和妻子 gugu 的媽媽。只是他們的耕作地面積都沒有布袞這次的土地大，且大部分都種在離家屋附近或人來人往的馬路邊上，以免小鳥偷吃的肆虐。這是播種小米人家的智慧，也或許是年紀老去的體力限制了。

清晨，夫婦倆人用完早餐，便先到小米園耕作地等待。因為妹疊阿嬤要幫忙 gugu 播撒小米的工作，她老人家去年雖然已經好好教授過女兒農耕技巧的經驗，但還是不放心孩子們不熟悉小米的工作，害怕不會好好對待小米，被祖先所捉弄了。

播撒小米之前，必須先做祭祀的儀式，才能開始。gugu 要布袞先去買一瓶米酒及檳榔，順便要他去載妹疊阿嬤。由於等待的時間太久，工具也被整理好要使用，而小徑另一旁的土地上又有布袞的家族長輩 dama阿力曼在整理種蔬菜的用地，雖不時叮嚀工作的技巧，卻也在觀望新開墾土地上的動靜。gugu 怕長輩會認為自己一個人不會先開始工作⋯。而

---

11 布農語「爸爸」的意思，在布農族社會裡，不論是有無血緣的關係，對人名的稱呼前面，一定要加上他的輩分，以示尊敬。

gugu 這次主導小米的農事，是想自己親自跟夫家的祖先誠懇祈求與告知，因為去年是妹疊阿嬤代為祈求的。對著土地閉著眼睛的 gugu 說：「各位伊斯坦大的祖先們，我是布衷的太太，今天要在家裡的土地上工作種下小米，請讓小米能夠好好的生長，不要有壞的、黑的小米。請讓我們工作順利平安，我這樣祈求你們大人，呼喚你們大人，謝謝你們」。睜開眼睛，gugu 用右手抓起了袋子裡的小米種子，灑向土地，一個人開始翻土。

　　沒多久，布衷開車載了妹疊阿嬤與孫女拉虎一起來到了小米耕作地，已經開始耕土的 gugu，讓妹疊阿嬤對未等待祭祀儀式的祭儀就貿然動工而頗有微詞，但還是用了準備的祭品帶著 gugu，向土地的祖先們及主人家做祈求儀式；希望這對夫妻能夠勤勞的工作，讓他們這對夫妻在工作中同心協力⋯。

　　小米耕種在鋤頭交叉碰地的時間中，布衷家族中的長輩 hudans[12] 布尼開著她的小搬運車經過小米耕作地，準備去她的玉米田地整理。看到妹疊阿嬤與難得一同出現在部落田地的夫婦倆也都在，就把車停下來關切今天小米播種的工作。她拿了孫媳婦 gugu 手上的鋤頭，給夫婦倆示範如何翻土，如何讓小米可以長的更好。播灑完幾個拳頭小米而在一旁觀看的妹疊阿嬤，拿了一個剛才祭祀用的檳榔，招待給 hudans

---

12　布農族語「阿嬤」的意思，此處的「阿嬤」是有親戚關係的輩分關係。

布尼，並寒暄問候她在附近的工作情形…。而事前妹疊阿嬤在 hudans 布尼發現以前，把祭祀用的東西快速收拾不見，因為知道 hudans 布尼基督教的信仰對布農族傳統的祭儀總是排斥，這是近年來部落天主教與基督教最大的差別，有趣的是，過去部落信仰為多數的天主教信徒，在近幾年內都紛紛出走入基督教了。

hudans 布尼對著妹疊阿嬤說：你可以教他們孩子如何種、照顧小米。阿嬤想起去年教孩子的農事而謙虛的回應：我不行了，腰酸背痛，我現在只要一直來看看他們（夫妻倆）的工作就好了。送走 hudans 布尼，幫忙播撒小米的妹疊阿嬤繼續把今天大概的進度全部灑完在小米耕作的土地上，讓夫妻倆繼續自己翻土讓小米躺好在土地裡。然後她一個人在小米耕作地的周圍種下玉米，是孩子們都喜歡吃的食物，過了採收期吃不完的玉米曬乾又可以拿來餵雞。玉米種完，gugu 先送阿嬤與孫女拉虎回家，雖然拉虎跟阿嬤請求，她想要留下來跟大人們一起，可是阿嬤堅持要帶拉虎先回家，因為阿嬤說：有很多 hanido／布農的鬼（墳墓）在旁邊，會給拉虎加重她的病情；前一天下午，拉虎在床上昏睡很久，阿嬤一直擔心的叫罵她起床，也是因為害怕她旁邊有 hanido 想要照顧她、帶她走。

夫妻倆翻完約兩分地的小米耕作地時，已經超過中午吃飯的時間了，布袞夫婦滿意的回家休息了一下。下午下了一

點毛毛雨，算是上天給夫妻倆肯定的禮物吧。讓小米能快快長大。

　　前一天的小米翻土耕種完畢。今天剩下的土地要種另一種品種的小米。一樣地還是由妹疊阿嬤來幫忙播撒小米的動作，然後讓布宨夫妻倆翻土。之後，也像昨天一樣在播灑小米完畢後先送阿嬤回家，因為她要 gugu 先送她回家拿種子，再送她去老家（過世的先生的墳墓土地）的土地播種，趁還有交通工具接送的時候趕快完成，要不然阿嬤平常是要自己步行到一兩公里的山上工作，偶有路過的摩托車才會順便接送她回家。

　　夫婦倆肩並肩地在土地上翻土，布宨的動作顯得快速妻子的許多腳步，妻子偶而休息時，他就會把她的部分一起做完，這是對工作團隊的表現，也是對過去不事農耕的自己向祖先道歉，要趕快多做一點，過去忽略照顧家族的土地了。把小米翻土完畢後，整理農具準備離開之前，gugu 記住了去年阿嬤教導的工作，要對鋤頭舉行祭拜的儀式以感恩它們的辛勞。她把所有的鋤頭包括種玉米的小鋤頭全部聚集在一起，拿了在車上準備好的水，然後對著鋤頭唸起：「謝謝你幫我種好小米，我的小米已經耕種完畢，這些水給你們喝，請讓我的小米快快長大，不要有壞的小米，喝多一點，謝謝你們！」，感謝的同時也嚴肅的把水灑向鋤頭，直到灑完手上的山泉水。

　　夫妻離開已經睡好位置的小米們，便去阿嬤的山上要接送她回家，然而阿嬤卻已經種完她的農作物先回家煮飯了。直接到阿嬤家看看究竟時，妻子讓<u>布衰</u>將阿嬤去年收成好的玉米粒，先送去 dama<u>龍</u>的家借機器把玉米粒絞碎，這樣一來就可以讓阿嬤直接拿來餵雞而省下飼料錢了。這是阿嬤年前時就和 gugu 談的心事，可是由於一直等不到有體力的年輕人<u>布衰</u>回來搬幾十公斤的玉米，gugu 也只能先放在心上。阿嬤的兒子雖然在外面工作，放假偶而回家就是去找朋友喝酒，卻也無法寄望他。

　　在 dama<u>龍</u>的家，阿嬤和<u>布衰</u>負責將玉米粒送進機器裡絞碎，而主人家因為生病，只在廣場上休息看看他們家族剛收成的玉米讓太陽吸收水分到曬乾。由於 dama<u>龍</u>最小的女兒是 gugu 的小學同學，又跟 gugu 的老爸是世交，兩個父親曾經還說好要結為親家，後來 gugu 的父親先過世而沒有實現了。所以看到從小是被他老人家看到長大的 gugu，dama<u>龍</u>是一反幼小輩分的孩子必須主動向長者打招呼的常態，先開頭問候好久沒有說到話的晚輩 gugu：現在在哪裡工作了？就此展開了老人與小孩，然而，也是之前部落工作期間的工作夥伴倆的對話。兩人先是談談小米的工作情況，而 gugu 因為不清楚<u>布衰</u>家族土地過去的故事，也藉此問了dama<u>龍</u>，是否了解<u>布衰</u>部落土地的一些故事，而 dama<u>龍</u>卻一直反應的是現在部落的問題；水權的使用大家都在生氣、

公共造產的土地被鄉公所無預警的收回並限制當地人使用、社區幹部的腐壞…。

或許是很想知道 gugu 對現在部落工作的想法，畢竟，年輕人 gugu 有部落老人不懂外面專業知識的她，也曾經帶領部落幹部有一段時間一起做社區發展，然而，現在想起那一段相處的時間，部落工作的服務，讓與她共事的人都很懷念一起為社區服務的回憶，即使是 gugu 的車子匆匆劃過部落，老人也會主動點頭問好。

下午，夫婦倆帶著阿嬤祖孫三人到市區給大孫女妹疊看病，而阿嬤也要買她的菜種子，事情在市區都辦理完成之後，布袞載著她們走東海岸兜風看看海…。因為布袞很快又要離開部落回到他平常的工作崗位。

二、學校星期天，部落禮拜天

約清晨五點起床，阿嬤走到 gugu[13] 睡的房間來聊天，這是過去幾年來孩子在外面工作、求學，回家過夜時，會例行每天的事情；醒來和孩子聊聊天分享生活。聊到時間差不多，或阿嬤的鄰居來找她聊天時，阿嬤才開始她忙碌的一天；準備孩子的早餐、洗衣、掃地、弄菜園或到山上工作…。

家屋下方的鄰居，沙尼阿嬤又來找阿嬤聊天並跟妹疊阿

13　部落的學齡／前孩子見到筆者一律稱呼「gugu」。

嬤要了她菜園裡已經長大可以吃的蔬菜，而且還向她要了絲瓜的種子，說是沒有菜種子要種在花園裡，妹疊阿嬤給了種子要她不要浪費種子，並且叮嚀她的壞習慣不要只說不做：「趕快種唷！三月就不能種了」。送走沙尼阿嬤，她叫孫女拉虎起床，拉虎一如往常要賴床等到不能再睡時才起來。先起床的倒總是晚睡晚起的大孫女妹疊。放下手上的工作，阿嬤要她自己先去吃瓦斯爐上已經熱好是昨天吃不完的饅頭，還要她先去刷牙。大孫女妹疊先是去吃東西。而阿嬤也習慣的在孫女還沒起床整理上學前，給自己泡了一杯牛奶當早餐。妹疊摸了摸饅頭，阿嬤在外拿著牛奶杯子看到她：「不要一直摸，手髒髒」。然後妹疊叫妹妹拉虎起床。

趁孩子在準備上學的空檔，阿嬤在菜園裡忙著翻土準備種她的四季豆，因為好不容易 gugu 有回來可以帶她去市區買好菜種子。gugu 從房間整理好自己後並到菜園跟阿嬤打招呼。翻土的阿嬤有感心疼的向蹲在一旁的 gugu 透露自己的擔心：「拉虎沒有去上學，星期四、五、六、日，課業都趕不上了」、「這個小孩很辛苦，一直都在生病，我看別人的小孩都很好，沒有像她一樣的…」。換隻手握住小鋤頭，阿嬤把已經生長出來卻又被折損的小菜芽用鋤頭輕輕扶正：「我剛長出來的菜被小孩子到菜園玩時踩到，快要死掉，我還是一個一個的想盡辦法把他們弄站起來…」。邊翻著土，邊思考近來孩子開學必備事項的阿嬤，放下手上的鋤頭回到

屋裡。她要妹疊打電話給孩子的爸爸說：「（學校）要繳營養午餐」。剛掛完電話的妹疊跟阿嬤說：「爸爸說他今天要回來」。

在屋裡尋找孩子要清洗的衣物後，阿嬤到屋外正在轉動的洗衣機面前，把衣物丟進去。而兩個姐妹剛吃完早餐趁還有時間在客廳裡看卡通。阿嬤從屋外喊著要妹疊餵已經感冒有一段時間的妹妹拉虎吃藥。妹疊去叫拉虎吃藥。然而，拉虎卻明知故犯的到外面洗衣場找阿嬤麻煩：「我要吃香蕉」，阿嬤擔心這孩子的身體還生病斥喝著：「感冒不能吃香蕉！」。

妹疊和拉虎這倆姐妹是一出生，就由阿嬤照顧的孫女，也是學校老師眼中隔代教養及單親的子女。她們的母親因酗酒而夫妻離異，並因在擴大就業的工作裡，結識另一個布農族男人而另組一個家庭了。她們的爸爸在歷經婚姻破碎與家庭經濟需要的情況下，原本在梨山深山種蔬菜賺錢，離婚後，回到家鄉附近擔任卡車司機的工作，偶而假日才回家。姐姐妹疊，是跟隨布農族妹疊阿嬤的傳統姓名而來，妹妹拉虎的傳統姓名則是跟隨大姑姑地傳統姓名而命名的。

後來是妹疊阿嬤的孩子輩鄰居倪娃，帶著她一歲多的兒子龍來家裡玩。放下手上的工作，妹疊阿嬤抱起龍逗弄著他又長大了，並關心倪娃長期在外工作賺錢、久久回來一次的先生：龍的爸爸回去了嗎？倪娃點頭稱是。阿嬤又牽掛著

她們生病住院的爸爸：「爸爸好一點了沒？」，「一樣」，<u>倪娃</u>無奈。阿嬤抱著拍拍龍給<u>倪娃</u>建議：「爸爸的病情住院拖著，距離市區往返很遠，可以找老人安養中心照顧，你們哥哥很多錢，不應該找你們女兒照顧，你們都已經嫁了…」。她們聊著<u>倪娃</u>的一家大小事後，<u>倪娃</u>才牽著<u>龍</u>回家。

<u>妹疊阿嬤</u>終於洗好衣服、餵好雞了，正要準備去上教堂。她的兒子，兩個孩子的爸爸騎著摩托車，從上班的地方回來了，並把工作衣物帶回來要她的媽媽、孩子的阿嬤，幫忙洗。

母子兩人在門前走廊坐著，孩子都在旁邊。阿嬤說起孩子相繼生病，帶去看病的情形，再來談女婿<u>布裒</u>幫忙家裡把玉米送到別人家借機器絞碎，以方便用來餵雞的事情，希望讓兒子知道她一個老人家已經不再有體力了，是需要孩子放假有人在家幫忙了。最後談孩子繳學費的事。孩子的爸爸一直沒有說話。

兩個孩子等待上學的時間，進到 gugu 房間找她聊天，<u>拉虎</u>看著每次讀書或寫字時，gugu 總回以我在想想作業的事而再一次試問：「你的作業寫完了嗎？」。

「還沒有，好難哦！」gugu 故作痛苦表情。

「那你還有幾個作業？」<u>拉虎</u>想不透怎麼會有要寫很久的作業。

「很多啦！寫不完」gugu 認真著手上的筆。

想知道到底還要寫多久的拉虎:「那還有幾個?」。

gugu 應付了一下說:「四個」,「那麼多!要是寫不完呢?」她依舊疑惑著。

「就零分」。

姐姐妹疊在一旁聽了對話而驚訝不敢置信的問:「gugu 你怎麼可以拿零分?」。

「所以我要努力看書寫作業就不會零分了阿!」gugu 藉機教育提醒一下姊妹倆要用功讀書。

妹疊接著問:「你的學習單作業呢?」。

「我們沒有學習單,都是要用頭腦自己想出來、寫出來(的作業)」。gugu 在內心笑著不懂作業有很多形式的妹疊。

拉虎用手指著 gugu 手上的筆記本也接著問:「妳在寫什麼?你的作業你唸給我聽嘛!」。一邊妹疊拿著數學作業給 gugu 教導,gugu 檢查又訂正來回數次,直到寫好。

阿嬤洗完兒子的衣服,才要 gugu 送她們祖孫三人去上教堂,gugu 送去教堂後回頭繼續唸書寫作業,兩個孩子的爸爸人已經不知去向,應該是去找部落失業在家無所事事的男性友人了吧!或者去打聽打聽哪個獵人的消息與戰績,畢竟,他曾經是個很厲害的獵人,只是現在在外面工作賺錢,沒有時間去打獵了。

教堂禮拜彌撒到中午結束,gugu 在離教堂不遠的布衰住家整理家務。妹疊姊妹倆看到熟悉的車子停在布衰家門口,

就跑去找 gugu。於是原本在忙碌的 gugu 陪她們一起看電視東森 YOYO 台，因為孩子的家沒有第四台。而阿嬤和修女與教友還在教堂一起用午餐。直到 gugu 要孩子三番兩次去請阿嬤該回家了，因為怕阿嬤可能會和教友聊天喝酒。

阿嬤後來自己來找她們一起回家：「dama龍有帶一隻山肉分享給教友用餐，（教友）說要叫你一起來，我說你在看書」。即使 gugu 離開社區部落工作後，部落老人還是很關心部落這個曾經擔任最年輕的社區總幹事的小女生。

送回到她們的家，阿嬤煮中餐給孩子吃，然後在外面剝樹豆。孩子在客廳看電視，後來孩子的爸爸帶著醉意回來。一整個下午，阿嬤一個人坐在家屋前的廣場剝樹豆。孩子一直待在客廳看電視。而 gugu 在一旁陪阿嬤聊天，直到傍晚阿嬤叫孩子先去洗澡，她才準備張羅晚餐，孩子在阿嬤的陪伴下互相捏著鼻子玩耍睡著了！

三、阿嬤的鄰居、親朋好友

又是一個新的一天，清晨五點，妹疊阿嬤像平常一樣準時起床做家事，先洗碗、洗衣服。gugu 爬起來跟她打招呼後又回房間裡看書寫作業。期間阿嬤到 gugu 房間聊天時，也喝自己泡的牛奶，然後給自己的眼睛點眼藥水，還不時去看外頭轉動的洗衣機再回來 gugu 床旁邊繼續聊天。

她聊起牽掛著鄰居沙尼阿嬤，因為她的媳婦即將要生

產，所以到在高雄工作地的兒子家幫忙：「沙尼已經到高雄了，可是她也生病了，那天她打電話來聲音是沙啞的，她說她不會在大媳婦那裡待太久，因為三兒子也在催促她趕快北上桃園工作地帶走兩個孫子，因為沒有人照顧小孩，她的三媳婦沒辦法上班。三兒子夫妻倆的工作，薪水都不好，又不找真正的工作啊！（對阿嬤來說，真正的工作是有長期而固定薪水的工作）

gugu 澄清了一下大社會現在大概的環境：可能一般工廠不要（他們）啊！現在工作都要高中、大學畢業了…。

阿嬤沒有接話，倒是想起自己的孩子日前也很難找到工作的事，然後又關心起沙尼三兒子的未婚妻目前的處境：

她跟前一任先生所生的女兒，放在花蓮阿嬤的家，也是祖孫兩人相依為命。都已經生了兩個小孩，沙尼還不想辦法（因為沒有錢）殺豬給他們結婚，上次女方的媽媽有來他們家，身體也不好了，大概希望孩子能趕快結婚，但是沙尼還是沒有想辦法。她不想照顧別人的孩子（跟前夫生的女兒），很辛苦。我好好的跟她說：當然照顧孩子就是很辛苦，本來就這樣要抱她當作自己的孩子一樣啊！那個小妹妹以後長大不會再想到她（沙尼阿嬤）了，結婚的時候…。（阿嬤最後一句話的意思是，因為沙尼阿嬤沒有照顧她，所以這個小女孩長大以後不會反哺阿嬤）

阿嬤接著又談起沙尼越南籍的大媳婦：賺錢都寄回越南，孩子自己不照顧托給保母帶，又買了四十多萬的車子，她的先生一天兩千多元，一個月可以借支一次，他們比較有錢…。

近半年來，沙尼阿嬤因為大媳婦與三媳婦相繼生產的日子很接近，所以疲於奔命往返北高兩地兒子的工作住所，兒子休假她才會趁隙回部落老家一趟看看鄰居和朋友。她常打電話給妹曡阿嬤，請她幫忙看看老家有無被人破壞，或是聊聊她在兒子那裏的情形，也想知道部落發生的事情。因此，沙尼阿嬤的日常生活與現況，都是經由阿嬤關心生活周遭事物而聊天到的內容來分享給 gugu 的。

妹曡阿嬤依然在談論與沙尼的電話內容她說：過一段時間媳婦都坐滿月子了，身體、生活安定了，她就要再回來老家照顧要帶回來三兒子的兩個孫子。而 gugu 偶而遇見難得回來的沙尼阿嬤，會主動去打個招呼問問媳婦的狀況及孫子的情形。先前孫子都還在部落給沙尼阿嬤照顧的時候，gugu 也常去家裡看看孩子或者跟孩子玩。這是沙尼阿嬤嚴肅的先生過世後，家庭頓時陷入一片混亂，而她找的同居男性友人互相照顧的生活，卻也讓她不得安寧。

回到日常生活中，在先生沒有在家的日子，gugu 就常回妹曡阿嬤的家。今天清晨，她被地震搖醒起來，先爬起床去打開家裡的大門後才又回到房間裡。阿嬤隨後也起床，到房

間來找她聊天，同時她叫有回家的兒子起床準備上班。看看手上的錶針已近六點，阿嬤又出門到外頭開始忙著洗衣服、掃地、餵雞，也叫<u>拉虎</u>起床準備上學了，並要她把學校聯絡簿給 gugu 簽名。這時，阿嬤的兒子才起床出去。

阿嬤繼續忙著家務的同時，也陪伴已經起床的<u>拉虎</u>吃飯，因為等下她吃完飯就要準備給吃藥。她因為生病請假，在家休息了幾天。送走姐姐<u>妹曡</u>去學校後，阿嬤還是在忙著家務。隨後，住在隔壁鄉鎮阿嬤的親戚表妹打電話來說，她的孫女要殺豬結婚，要表嫂（<u>妹曡阿嬤</u>）一定要來參加。

等阿嬤所有的家務事都忙完之後，gugu 也準備好要載著阿嬤和<u>拉虎</u>到市區看病。在沿途車上聊天的時間，阿嬤提及，部落基督教的<u>阿比阿嬤</u>反對原住民布農族的禁忌：一直說布農族的禁忌是過去了，要大家只相信一個神；常叫罵聲般的跟老人日托班的老人說以前的（傳統）不好，現在的很好。阿嬤有點生氣的在結尾時又補充了一句：「天主教還可以，不會擋路（阻止）布農族的話（禁忌）…。」

由於今天是阿嬤預約複診的時間，離看診時間近午還有一段很長的空檔。阿嬤為了不多跑一趟市區，可以省下交通費用，先是去一家固定去看的眼科診所治療因老化而機能退化的眼睛，再去菜市場買了一雙用來在老人日托班上課穿的鞋子。最後依掛號時間去醫院等待看診時間。在醫院預期中的遇到了阿嬤的大姐，看著兩個老婦女一起坐著聊天時，

gugu 遇到了也因送老人家看病的國中學姊，她們便一起聊天。

阿嬤和她的大姐，加上國中學姊帶來的阿嬤三人坐著聊天，聊起今天清晨有地震，大家都一致說出是春天要來臨的訊息，而天氣不會太冷了。後來妹疊阿嬤有感而發的說：「以前老朋友見面都是在別人的囍宴上，現在都在醫院碰面了…。」

阿嬤姐妹倆人看完病，gugu 先送阿嬤大姐回她同居友人的家。再送回阿嬤到家後，gugu 就回夫家的山上工作種玉米，是她從小就喜歡吃的食物。

一個人在山上工作，回想起從前常陪著媽媽在山上工作而自己在一旁玩耍的情境，現在自己也成了喜歡踩踏在土地上的部落婦女，gugu 頓時高興起來也很感恩的心境來了。後來，之前一起在部落工作的長者，來到田裡送他兒子結婚的喜帖，gugu 除了恭喜聲連連之外，內心也謝謝這位長者至今還對過去一同工作的情義表達重視之情。

爾後，布袋的外婆來到田裡，問正在種玉米的外孫媳婦 gugu，需要之前請來整理小米用地的老闆的電話，說要整理之前借給別人種鳳梨的土地。並抱怨著那個借土地種鳳梨的外地人，當初答應收成後會整地，但是後來她老人家三番兩次提醒對方，對方都說沒有空…。gugu 建議請外婆的兒子出面，而她老人家只是無力的繼續傾吐心事：過年期間有

跟孩子們說土地的事，孩子回以「不要去管它了…」。她哀傷的在離開我之前說，「我老了，不能工作，那就不要去動了…」。gugu 目送老人家無奈又黯然的背影，心情也跟著沉重下來了。部落的土地在年輕人紛紛出走到都市工作之後，已經沒有人再關心過了…。

　　晚點工作結束，gugu 回到夫家，閒坐一段時間後，才清清屋內寂靜的冷空氣掃地，又再回到熟悉的阿嬤家吃飯。一樣教導了<u>拉虎</u>的學校功課，並聽了她閱讀的故事書，先寫完功課的<u>拉虎</u>，在所有有興趣的事物在手邊走過一遍之後才就寢睡了。而 gugu 花時間教導了作業較多的<u>妹疊</u>數學乘法，因為孩子的數學概念不清楚，兩人的作業時間都拉的很長。終於功課寫完去睡了，而陪伴<u>妹疊</u>寫完功課的阿嬤這也才從沙發懷抱中，半夢半醒的進到自己的房間睡了…。

四、阿嬤的種子

　　依照習慣起床就先找睡著等待阿嬤來聊天的 gugu，阿嬤坐在床邊，想著季節的變化說：今天要去老家那裡種菜。又說凌晨自己做了一個夢：「有一艘船即將遠行，我好像要搭上去，可是又不確定，那是甚麼樣的意思呢？」。阿嬤一邊聊著生活的瑣事，一邊若有所思地想著半夜做的夢境。時間又是差不多六點，阿嬤才叫孩子起床。孩子爬起來刷牙洗臉期間，部落的前任幹部來阿嬤家裡送他兒子的喜帖。送走客

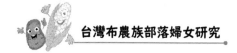

人後，阿嬤叮嚀孩子的穿著並幫忙調整身上穿著的衣服。姐妹倆也整理好書包了。而姐姐這時才發現昨天的學校餐盒忘了洗，被阿嬤唸幾句，叫她快點拿去廚房洗。洗好碗筷，到客廳鏡子前整理頭髮，姐姐自信的看了看自己有一會兒…。這時，阿嬤在幫忙整理<u>拉虎</u>放了很久不動的書包時，從書包裡丟出一個過期的橘子，應該是之前從學校帶回來的，阿嬤叫罵著：「不能吃壞掉的水果，以後學校的水果不要吃了，好像把妳們當作傻瓜一樣笨，給壞掉的東西…」。之後，她們祖孫三個人說說笑笑，阿嬤餵了妹妹吃藥，姐姐在旁邊快樂的唱著歌。最後，阿嬤幫忙妹妹整理餐盒拿給她：「不要忘記又放在公車上了，妳很久沒上學沒帶餐盒會忘記」。姐姐哈哈笑著說自己：「阿嬤妳怎麼會知道？我上次也是這樣…」。阿嬤要妹妹再檢查書包，妹妹肯定自己已經準備好而不理會阿嬤地叮嚀！阿嬤有經驗的不管她了：「好啊！妳自己被老師處罰」。她帶著兩個孩子出門，並在門口跟妹妹叮嚀說：「跟老師說，老師好，好久沒有看到你了！」。姐妹倆聽著一起笑了。阿嬤又趨前幫忙整理了妹妹的褲子說：「褲子妳好」。她們又笑了。在旁邊的 gugu 補充：「要跟老師說妳好，小朋友好」。姐姐跟生病幾日沒上課的妹妹說：「妳要上學了耶！」。然後她們又異口同聲：「作業變多了」。走到馬路口，阿嬤又在後面追問著妹妹：「妳的帽子帶了沒有？」。兩人在耳語間不知在說了什麼，阿嬤趕緊從家

裡拿了妹妹的帽子給他，說升旗的時候要帶。又走到路口送小朋友：「趕快用跑得下去，還有五分鐘，上車要坐在一起喔！」兩姐妹回應說：「喔！」阿嬤輕鬆多了：「掰掰」。小朋友回以同樣的感情…。

　　一轉身隨即去洗孩子的運動鞋，阿嬤又跟 gugu 說早上要去老家那裡種菜的計畫，下午再去山下的街上做頭髮，明天馬囊哈斯（地名）表妹的孫女要結婚。gugu 趁阿嬤忙著家務事，到老友阿冰的家去和她一個人住的媽媽聊天，聽她講孩子在外面工作的生活。一直到阿嬤來呼喚著 gugu 要去山上種玉米了，gugu 才又如往常一樣載阿嬤去老家田裡工作。

　　阿嬤今天種的是玉米、黑豆、南瓜，這是有別於去年的菜，而黑豆種的比較多一點面積。等待阿嬤種菜的期間，gugu 也回到夫家的另一塊地種下玉米以及跟阿嬤要來的黑豆種子。提到這個借來的種子，是 gugu 今年前計畫想好要多練習種一些沒有種過的農作物，來訓練自己未來可以飽足家族人口的能力，於是向妹曡阿嬤借了幾種不同的農作物種子。

　　記得借種子當天，是阿嬤在廚房忙著煮孩子的早餐，而gugu 正在跟阿嬤聊新的一年，要在土地上種小米之外，也要練習多種一些自己喜歡吃的食物…。最後阿嬤要 gugu 自己拿一些想種的種子，gugu 不清楚種子有哪些：妳的種子放在哪裡？

　　阿嬤手握雞蛋說：瓦斯旁的櫃子裡。gugu 慢慢打開尋找阿嬤的種子，看到了很多小小的袋子裝了各種不同大小、顏色、形狀的種子；有絲瓜、南瓜、胡瓜、樹豆等各種豆類，翻閱十幾種類的種子在手上，腦海快速呈現的是從小到大一家人吃著這些食物的情景，顯現的是阿嬤這一生為了家人的溫飽，在山上利用土地耕種農作物的影像，日復一復，一年四季都是在與農作物、大自然及土地的對話。gugu 頓時掉下了感恩又尊敬妹疊阿嬤的眼淚而內心低語著：我是吃這些種子長大的…是阿嬤用她畢生的力量跟大自然和諧共處的條件下才把我養育長大的…。想到自己尚未育有子女的生活，也意會到了種子之於一個布農族婦女的重要性；之前陸陸續續都看到部落其他婦女來向媽媽借種子的時候，她們的神情都心虛而謙虛，然後拿了種子後，有禮貌的向妹疊阿嬤道謝離開。

　　這時，gugu 終於能夠了解部落的老婦女們會認為，向別人借種子播種是一件很羞恥的事。偷偷擦乾眼淚，gugu 告訴自己要守護著這些種子的延續。

　　很快就種完向阿嬤借來的種子，並先回夫家看看有無甚麼比平常家事多的新鮮事。這幾年來，夫家的一家人因生活經濟需要以及後來的房屋貸款與生意失敗，都在北部工作還債，久久才會回來部落一次。平常就夫婦倆在家，遇有布袞沒放假的週末一起陪同回部落老家，gugu 就自己回去看看部

落的親朋好友，也因此常回到部落去住在<u>妹疊阿嬤家</u>。

接回阿嬤回到家調整呼吸一下，兩人又下山到街上給阿嬤做頭髮，也順便一起吃湯麵解決兩人因工作消耗體力而期待很久的餓肚子。再回家之前，gugu 帶阿嬤去了夫家，看了之前她在社區辦理活動的 VCD 影像，是以老人日托班成員為主的影像紀錄。路上遇到孩子放學的公車，阿嬤要 gugu 攔車下來，想去請孩子下車，可是車子上的孩子說，她們姐妹倆被老師留下來寫功課了。

兩人在夫家的客廳裡，阿嬤看著四、五年前與部落好友在一起活動的影像，而這些現在只能成了追悼的回憶。因為阿嬤對於一同在部落生活幾十年的部落人，或生病或酒精引起的死亡而紛紛在期間過世，阿嬤說，看了影片之後很難過…。後來阿嬤說，不想繼續看下去要回家了。

回到了阿嬤熟悉的家，她像日常一樣在屋外常用的爐灶起火，準備要燉煮別人送的羊肉，阿嬤總是在為了要省瓦斯費或時間充裕的時候、更是生活的習慣中使用這個伴她幾十年的兩個爐灶，她今天使用的是ㄇ字型組成的爐灶，在布農族來說是母的爐灶，專門用來煮菜的；而由三個角組成在另一邊的爐灶是公的爐灶，是專門煮飯用的。她起火燉煮的同時，也一邊在菜園播種蔬菜的種子有茄子、高麗菜，但她說忘了買空心菜，並把小花園也一起整理除草過。之後，她才把早上拿出來曬的高麗菜、樹豆收起來，最後才餵雞。阿嬤

對在一旁一直觀看不語的 gugu 說她養雞的經驗:「雞一天吃兩次,早上多一點,中午不用,晚上再餵…」。

傍晚,拉虎學校班上的同學阿布斯的爸爸用摩托車送回因作業未寫完,而被老師留下來的姐姐妹疊。gugu 跟他道謝互相幫忙,他搖頭表示別介意就騎走了。未見到妹妹一同回家,gugu 問起放輕鬆而又轉為驚訝的表情:「啊!忘了」。「妳怎麼可以把妹妹忘記一個人放在學校,趕快跟阿嬤說一聲,我們去學校接妹妹」。在去學校接回妹妹的車程路上,gugu 叮嚀姐妹要互相照顧的重要性,而妹疊可能因內疚而無語看著窗外。到了學校門口,妹疊盡速跑去妹妹的教室找她,同時也把一起被留下來的同學幕娃、哈納谷一起接回部落的家。然後大家在愉快的再見聲中,各自回到家人的懷抱,gugu 送完孩子也回到了家。

阿嬤的晚餐已經準備好,大家愉快的用餐。後來就聽到姐妹倆從洗澡到客廳一直在嬉笑與嬉鬧中的話語,而時間也漸漸來到孩子喜歡的電視卡通多啦 A 夢(小叮噹)。這是孩子每天必看的節目,結束之後才會開始寫作業。大概是喜歡聽她們說話、幫她們排解疑難雜症的 gugu 在家,今晚她們的心情一直很興奮與快樂,所以就連在房間寫作業時,也聽到妹妹在吵著姐姐要和她聊天而讓兩人都無法專注於完成作業。gugu 仔細聽他們倆的對話及互動後,就進去找妹妹出來溝通,重新調整她們寫作業嬉鬧的心態,似乎就比較沒有聲

音了。

　　阿嬤躺在孩子不在就成了她專屬的沙發上看電視，晚點時間要妹妹吃藥時，妹妹卻藉故寫作業拖延不想吃。又過一段時間後，gugu 也提醒阿嬤說妹妹該吃藥了，阿嬤才暫停看她的電視，準備溫水及藥包要親自餵妹妹。聽到妹妹和阿嬤兩人在客廳僵持不下，阿嬤軟硬兼施，妹妹還是不吃，還提出很多離譜的要求，一會兒水過熱、一會兒要自己吃、一會兒又哭、一會兒又…。阿嬤氣呼呼到把照顧她們姐妹倆的辛苦及辛酸像一口氣傾瀉而說出：「妳這個孩子，讓我很辛苦，我那麼老了，還要對我這樣，我真想自殺…」。gugu 心疼於阿嬤的難處才出來解圍，藥終於讓拉虎吞下肚子了，卻因為疲憊而趴在桌上繼續寫作業。阿嬤回到客廳繼續看電視，姐姐來房間問正在看書的 gugu 數學題目，兩人又是一同演算數學乘法、除法有一段很長的時間，後來作業寫完了。gugu 也在書中的文字上逐漸要睡去。布裒十點多打電話來，他們聊沒有幾句就掛上電話。在夫妻倆每次溝通不良的情況下，gugu 選擇沈默通常是讓自己沈澱思考的時候。

　　半夜睡夢中，孩子的爸爸酒醉回來，在屋外直抱怨從國中開始工作至今，他的爸爸媽媽都要他工作賺錢還房貸，兄弟姐妹不幫忙，他工作很辛苦，卻都沒有一點積蓄，乾脆把孩子給人家養…真想自殺…。

　　他的叫囂聲很大。gugu 被吵到無法入眠，只能在心裡爆

發咒罵他這個自怨自艾的人：「好啊！最好照你的意思把孩子送給別人養，你從前賺的錢都自己花，花在酒和玩樂上，今天沒有錢是你自己造成的，你的親友幫你收拾多少爛攤子還不夠？還要老人家替你負擔孩子的責任，你去死啊！沒用的東西！今天只是要你負擔孩子部分的學費，就像要你的命，你知道平日孩子的開銷都是阿嬤的老人年金和你的兄弟姐妹的支援嗎？你沒來照顧母親就算了，還要老人家替你操心，幫你想辦法找錢照顧孩子！爛人！」。

　　gugu 知道一個夜晚沒有睡好的阿嬤聽了一定很難過，畢竟平日教養孫女的責任已經讓她夠辛苦了，又來個自己的兒子給心理負擔，她的心肯定是淌血的。

五、部落婦女：日常生活的責任與義務

　　阿嬤在菜園整理著剛種下菜種子的園地，希望把最好的生長環境給種子。期間馬曩哈斯的親戚又打來電話找阿嬤，接電話的 gugu 請阿嬤聽電話，並轉達說是要阿嬤趕快去馬曩哈斯。阿嬤問電話中的表妹：有沒有請阿怒跟阿撒古姐弟他們？怎麼辦？他們兩人不合，上次發生的事情？有沒有請代表（阿嬤的表弟）那是我阿姨的孩子…。（都有）。又繼續說：我先前跟你媳婦說我慢一點去，因為老人日托班要量身訂做團體背心。阿嬤掛下電話，又去菜園忙了一下再回來自己說話，又好像是跟 gugu 說的：菜園還不要用啦！來不及

了，先去日托班，要不要帶錢？順便繳孩子的營養午餐跟家裡的電話費。說完，她去房間整理自己，準備出發。

gugu 依約到老人日托班去接阿嬤到馬囂哈斯，路上經過孩子的學校，希望可以順便跟老師溝通孩子的學習，總是信任 gugu 做事態度的阿嬤沒有下車，讓她一個人去繳姐妹倆的營養午餐費，而她一個人在車上等待。錢是他兒子向公司借支的。五千元給阿嬤繳學費，少兩千多元要阿嬤自己想辦法，老人家雖很不高興，也只能習慣無奈的接受。到學校遇到的是姐姐的老師，繳出營養午餐費，老師說會把收據讓孩子帶回去，並主動與 gugu 溝通妹疊的家庭問題與學校課業問題，談論有一段很長的時間。親師溝通的內容在老師與 gugu 的對談穿插中顯出端倪，大概是孩子在學校作業的完成度以及家庭親師溝通缺乏：

老師：你是她的甚麼人？

gugu：我是她 gugu。

老師：…妹疊的家庭作業很少有完成的，常被留在學校寫功課…。

gugu：…平常都是阿嬤一個人在照顧她們姊妹，爸爸很少過問，平常只會吼一吼孩子的作業，謝謝老師多費心…。

老師：家裡都沒有人教她功課，她說只有 gugu 回來會教她，我看連絡簿有你簽名的名字，那時作業就會完成。教材都是跟市區學校一樣的，讓他們的程度可以跟上…有的程

度比較深的題目她也有完成，我想應該就是姑姑教的…。

gugu：阿嬤平常膝蓋就很痛，年紀比較大也有很多老毛病，沒念過甚麼書，功課上面比較沒有辦法教…阿嬤說孩子回到家功課寫不完，就跟阿嬤哭泣說老師會打她不想去上學，阿嬤不會教兩個姐妹，也很困擾又很自責…我想說是不是孩子本身的問題還是作業真的太多了…

老師：（老師的語氣有點不悅而拉高了嗓子）我有問班上小朋友作業是不是太多，沒有人舉手啊！…如果家長覺得不要寫太多作業可以啊！那我也可以不管她一個人，到時候程度差很多，也不是我的問題不能怪我…。

gugu：我是想說，孩子的學校問題常讓阿嬤很操心，尤其是家庭作業讓阿嬤煩得常說想自殺…。

親師溝通在各自表述中結束。gugu 點頭跟老師說謝謝，就離開辦公室…。

到了馬蠡哈斯目的地，gugu 也與自己的親友、表姐妹們擁抱聊天相見歡，感受到家族情感的溫馨；「一句好久不見」，吐露興奮之情。平日兩個表姐都在桃園工作，互相支持。而阿嬤終於找到她失散多年的表弟（鄉代表），一把鼻涕一把眼淚的正式相認。

與表弟第一次喝酒喝多了一點，回程躺臥在車上的阿嬤醉到語無倫次，聽得出來內容是她內心抒發兒子昨夜在屋外罵她，讓她好難過的心情，回到家還一直哭著呻吟要自殺。

gugu 在旁不時回應她的呼喊。而那個記憶與味道已經好久不再了，是 gugu 小時候的媽媽酒醉，她在旁邊照顧媽媽的情形。

　　阿嬤在家的沙發上哭的很傷心，要不是她的幾個女兒一直關心給她勇氣活下去，她說她早就自殺了。離開了屋內，gugu 到家門口等孩子下課。遇到婦人妮娃上來找阿嬤，說要來家裡拿種在家屋旁的檳榔葉子，gugu 招呼她自行取用，並問問他們家孩子的狀況。巴力已到平地鄉的附幼唸書、莎比到山地鄉的托兒所唸了。而妮娃希望 gugu 可以常去看看她家孩子的學習發展。

　　後來 gugu 和放學的拉虎在路上聊天；拉虎說肚子餓，便去廚房拿了阿嬤中午喜宴未吃完帶回的雞翅、果凍、養樂多。她在家屋的大門路邊上邊吃點心邊繼續分享今天在學校發生的事，後來看到巴力來到路上玩，gugu 呼喊他上來聊天，也問他今天學校學習的情形。

　　拉虎在她吃完東西，放好書包及餐盒到定位後，跟 gugu 去國小接今天又被留下來寫作業的姐姐。也一起接回來了她的同學尼虎。怕孩子肚子餓，gugu 順道買麵包及飲料給他們，才各自送回家。回到家，gugu 跟姐姐說阿嬤酒醉了在睡覺，要她們輕聲細語。三個人在客廳吃麵包聊天。後來妹妹先寫作業，而姐姐是看完小叮噹後才寫作業。拉虎睡著了，妹壘繼續寫。她們的阿嬤不時起床問孩子吃飽了沒有？小狗

吃飽了沒？並還在哭喊兒子的不孝…。

前一天因醉意與心情的沉澱而早睡，獲得睡飽的阿嬤一起床，gugu 就請阿嬤要<u>拉虎</u>起來寫作業了，也請姐姐起床繼續寫昨晚未完成的作業。一直到上校車的時間，姐姐的功課是寫完了，但妹妹的沒有完成。後來輪班的愛心家長騎摩托車上來催促她們，並接她們下去坐校車。

» 部落媽媽的圖像

六、孩子們

今天平常的日子，<u>妹疊阿嬤</u>在忙完沒有甚麼家事可做之後，說要午休閉眼睛一下，gugu 寫完作業也陪著小睡了一會兒。直到<u>拉虎</u>放學回來弄醒了她們。<u>拉虎</u>自己一個人在客廳吃了阿嬤買的吐司，後來 gugu 走到馬路口坐在地上看

著陸續放學回家的孩子，隨後拉虎過來坐著陪她講了一下今天學校發生的事。拉虎吃著東西若無其事的跟在一旁不語的gugu 分享：今天有被老師坐乖乖椅。一向關心孩子學校學習的 gugu 想知道原因：「為什麼？」，「因為我上課一直講話…」，拉虎認為這不是甚麼大事。gugu 想讓拉虎了解團體成員的責任：大概是你很吵讓同學無法好好上課，老師很生氣了。

　　拉虎吃著吐司似乎在思考著。她們坐在馬路上遇到溜出門外又折回家的幼兒巴力的妹妹。gugu 跟拉虎說想去巴力家跟他們玩，而拉虎跟著走下去。

　　巴力，是阿丙阿嬤的孫子，由於巴力的生父不認他，而巴力媽媽當初太年輕（未婚生子）又無工作無法扶養，所以巴力出生就是阿丙阿嬤（外婆）和阿公（外公）在照顧，大概是巴力媽媽在國中階段時，遇到年輕無所事事的男生（爸爸）時生下的。由於巴力爸爸不認帳，因此也沒有娶巴力的媽媽。後來是巴力的外婆與外公，尋求法律途徑，確認巴力的親子關係後，要求男方支付贍養費，卻因為男方名下無任何財產（阿丙阿嬤說，男方很聰明先把財產轉給其他家人名下），因此也無法要男方強制支付…。巴力就這樣住在外公、外婆家被大家庭的親友一起撫養。他的媽媽因羞愧無法留在部落而在外工作。

　　巴力，學前階段的小男生，壯碩的身體有著白晰的臉

蛋。一個國中剛畢業的巴力媽媽能夠做什麼工作呢？後來在外面工作時，認識了原住民的男生，懷了一個妹妹，於是外公、外婆答應了他們兩個年輕父母的婚事。而為了新的婚姻關係，巴力就寄養在外公、外婆家。媽媽偶而會來看他。但由於巴力「繼父」的工作時有時無，因此再生下第二個孩子，也就是巴力的弟弟時，經濟陷入困頓，必須常要尋求娘家的支援，加上若「繼父」酗酒，就容易對巴力媽媽拳打腳踢，無數次巴力媽媽逃離夫家投奔娘家尋求庇護，直到言歸舊好或男方寫悔過書之類的才再一起生活。

近來一年多，又常因為家庭暴力的發生與施暴程度加遽，巴力媽媽終於提出離婚的要求。孩子被政府機構收養，巴力媽媽有了政府機構介紹的工作，而兩個孩子必須等到環境情況好轉時，才能回到媽媽的身邊。而巴力並不知道媽媽和弟妹現在的處境，外婆等大人們也沒有讓他知道，而媽媽還是會像平常一樣來看他…。

gugu 與阿丙阿嬤以及其妹妹倪娃是同輩。而阿丙阿嬤的父親因病住院所以在醫院由她照顧，妹妹倪娃負責家裡大小的起居，只偶而去醫院探視爸爸。平常也會來看看巴力家。

gugu 先是和巴力的媽媽聊天，昨天她也有從附近婆家回來探看巴力。今天是她先生送她們母子三人回來，她還是像上次見面一樣，抱怨著倪娃阿姨不讓他們住這裡（媽媽的娘家），房間都用密碼的鎖頭鎖起來，她說，必須把自己的爸

爸媽媽讓給倪娃阿姨，照顧倪娃阿姨她的孩子…。

　　她不時看著手錶時間說：「時間快到了」，說她阿姨等下就要從去看住院生病的阿公那裏回來，他們必須趁阿姨回來之前回到夫家，以免又被討厭。gugu 聽著她的委屈，也不時跟著她因為焦慮而常往路邊移動看看她阿姨是否回來了。繼續聽她說：阿姨上次還要龍推他兒子。又抱怨先生沒有工作在家閒逛，由她一個人撫養兩個小孩，她說若爸媽可以照顧她的小孩，她就可以上班…。

　　時間來到下午三點多了，龍的姐姐莎比和她的朋友布妮，這部落只有兩位唸托兒所的幼兒，由學校老師的校／輔車送到活動中心的路口後，就在路上逗留玩耍。後來被她在路上的表姊（巴力的媽媽）叫回來。而 gugu 想到的是今天因為媽媽不在，而一直一個人被放在客廳木床裡的龍無法悠遊移動，便趕緊到客廳把他從木床裡抱出來，然後帶他出來走一走，龍很開心的拉著 gugu 要亂跑。gugu 陪他走走的同時，也陪著巴力的兩個姐弟一起玩。加上布妮來找他們玩，一下子變得更熱鬧了。

　　後來看到部落婦女姆拉思的養子和他的一對雙胞胎朋友以及打碼幾魯 [14] 的外孫一行四個小男生，跳躍著經過巴力家前的馬路，gugu 和他們打招呼：「你們放學了喔？」，他們點頭。然後 gugu 問來到部落有一段時間卻第一次見到面的

14　一位 gugu 的長輩。

<u>打碼幾魯</u>的外孫：「你的家住在哪裡？」，其實真是無心隨口問問，他馬上就往不遠處的住家方向衝回去。讓 gugu 心疼又後悔無心之問。後來看到他的外公<u>打碼幾魯</u>騎摩托車來載他背著書包。大概是孩子的媽媽上班還沒有回來，外公先接去老家等媽媽。

說起這個 gugu 不熟悉的孩子，因為他是剛從北部平地人的爸爸家那裡來到部落，他的哥哥先前是爸媽未婚前生的孩子，後來還是為了孩子結婚了，而當初爸媽離婚之前，哥哥就已經常住在外公家了，而這個弟弟還在北部爸爸家。婚姻維持沒有幾年，最後父母決定每人照顧一個孩子，因此讓兄弟二人跟著大人而分開居住。直到最近，gugu 聽阿嬤說，這個弟弟因吵著要找鄉下的媽媽和哥哥，所以母子三人一起回到外公老家居住，老人家因為有很多住房，所以讓他們母子三人單獨住在一起並幫忙照顧。

<u>巴力</u>的阿公在家屋外等他放學回來，一直要到傍晚五點<u>巴力</u>才由平地鄉幼的娃娃車送回到家門口。阿公幫他提了書包，拿了外套，<u>巴力</u>看到弟妹有在家，跑步前去抱著跟他們玩耍。其間<u>巴力</u>一直跟著弟妹及<u>布妮</u>、<u>莎比</u>和 gugu 玩，後來阿公要他洗澡，他不肯洗澡而讓阿公跟在他後面跑來跑去、走來走去，而<u>巴力</u>媽媽也加入戰局要勸他去洗澡，<u>巴力</u>還是貪玩而一直牽拖著時間，最後索性把自己反鎖在屋內及房間內，使阿公吆喝大罵，<u>巴力</u>卻也依然沒有回應。巴力媽

媽從房子後面叫門，也是沒有用。房門接著被阿公用各種方式要打開，最後是找到鑰匙打開房間的門了。巴力被氣急敗壞的媽媽用衣架打罵，巴力才出來說要給阿公洗澡，不要給媽媽洗。但最後是拖多久以後才真的去洗澡，已回到家的 gugu 已經不知道了。

　　巴力阿公是外省老兵，民國十六年生，安徽人。三十八年因戰和國民黨軍兵荒馬亂來到台灣，五十一年編到開發大隊住在花蓮。總隊在梨山。五十五歲透過媒人介紹娶了小她三十幾歲的原住民女性，巴力的阿嬤：阿丙阿嬤。民國六十四年，上士一級退伍。八十幾年時，回去過大陸一次，認為兩岸生活已經不一樣，就從此不再回去了。當問及目前的生活情形，巴力阿公說：好不好，壞不壞，吃飯是有，想多的就沒有了。對唯一的後代孫子巴力疼愛有加、期待與寄託也高。

　　gugu 把龍放回他的木床。今天他們隔壁家平地人媳婦生的兒子滿月了要請客，那平地媳婦來巴力家借浴室洗熱水澡。和 gugu 打了招呼就進屋去。在等媳婦洗澡的時間，他的先生打嗨 [15] 邀請了 gugu 去參加滿月酒聊聊天。這對好不容易在去年奉子成婚的夫妻，聽部落的媽媽們說，當初因為女方是南部平地人的女兒，擁有比男方好的家世背景及學歷，被女方家人反對說，不要嫁給山地人。但最後是終成眷屬。

15　打嗨是 gugu 部落一起長大的朋友、學長。

　　gugu 和學長寒暄了一下雙方的近況，他同時來回看妻子洗澡與宴客場地的情況，然後去附近民宿接他的岳父岳母來會場準備宴客開始。當他接來賓客後，把車子停在巴力家。看到很多大小朋友在場，就從車上拿了一大串香蕉，用小刀分別切給莎比、布妮及後面到達的小朋友哈納谷跟他們騎腳踏車來玩的朋友幕娃。幕娃看到長輩 gugu 便說，她之前和妹疊及拉虎騎腳踏車跌倒的事，gugu 問有沒有受傷？她搖頭。gugu 叮嚀幕娃說下次要小心唷！然後小朋友分給 gugu 吃他們的香蕉，幾個大大小小的朋友坐在地上吃香蕉。

　　幕娃，國小的清秀女孩，是媽媽在外工作遇到平地人男友時而生下的。因為當時對方已經先有了家庭，並且幕娃媽媽也被瞞在鼓裡。所以生下幕娃之後也無法承認她。幕娃媽媽只好背著部落的人投靠已有家庭的姐姐家，在那裡偷偷照顧養育生下來的幕娃，直到部落的人到姐姐家作客，才意外發現未婚的媽媽已經生下幕娃的事實，經過外公、外婆的協調，把幕娃和媽媽接回部落娘家居住。由幕娃媽媽一個人和整個家庭的成員互相照應…。

　　傍晚，孩子都放學回來放好書包跑出來玩了！部落民意代表前主席的太太及她的未婚小姑騎著摩托車來來回回奔馳於馬路上。阿嬤出來找拉虎回家洗澡時，也經過到巴力家示意去看看孩子的 gugu 該回去了。回到阿嬤家的門口，聽到拉虎在洗澡唱歌，阿嬤在門前坐著抱怨她亂跑出去玩，害她

一直在部落尋找，因為要趕快洗澡去參加滿月酒了。聽到被抱怨的拉虎在浴室唱歌又玩耍，阿嬤一直叫她快點洗澡出來穿衣服，她不理會阿嬤依然故我的唱著歌。最後是 gugu 對著浴室喊數到三，一、二…。她才關浴室的燈衝出來，然後衝到她們的房間，繼續唱歌好久後才穿好衣服出來，繼續玩她的玩具；學校的故事書、牌子、洋娃娃…。gugu 請她先吹好頭上未乾的頭髮，而阿嬤在外面請 gugu 把牆上已經停止呼吸的時鐘更換電池。gugu 爬上沙發去換了時鐘的電池下來，又幫阿嬤把滿月的紅包紙寫上她的姓名，gugu 才準備整理梳妝自己與阿嬤一起去滿月宴客的會場。

　　滿月酒的一桌，和阿嬤及 gugu 同桌的部落婦女有 gina[16] 阿比、gina 阿布斯、gina 幾谷和她的媳婦兩位，以及部落不喝酒的中年男人虎孫。加上後到與 gugu 同輩的莎妮共八位。再來還有開小吃部的老板娘來跟她的朋友同桌的莎妮及年輕媳婦一起喝啤酒、聊八卦。雖然 gugu 也是部落婦女的一員，但因為知道 gugu 不喝酒，就只是偶而大家舉杯一起來喝飲料。後來 gina 阿布斯邀 gugu 喝小米酒，gugu 意思沾一下小米酒抿在嘴邊裡，她老人家很高興。席間兩個孫女及她們的朋友哈納谷來阿嬤的旁邊拿菜吃，莎妮的養子也帶著他雙胞胎的兩位朋友來拿菜吃，並跟我們介紹他三位是好朋友，反覆來去餐桌吃飽後又離開去跟其他的小朋友在馬路

16　gina，布農語的媽媽。是 gugu 對長者的尊稱。

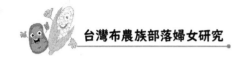

上玩。同桌的婦女在享用餐點的同時,都不忘招呼每一個來餐桌旁的小朋友,夾菜的給飲料的就要他們吃飽,也留了一些菜要帶回給在家的孩子。

席間,gugu 還看到主人家的孫女伊娃正幫忙端菜,穿梭在人群裡。伊娃,皮膚白白的很快就可以在小朋友當中一眼就認出她,是從出生後沒多久就住在媽媽(外婆)的家,她的爸爸是台北有錢的人家,爺爺、奶奶是老師退休下來的。可是爸爸並沒有娶伊娃的媽媽進門,因為爺爺奶奶說不能娶「山地人」當媳婦…。伊娃還有一個哥哥,之前本來也在外婆家跟伊娃住在一起,後來是突然跑出來的爺爺、奶奶,認為哥哥是男生必須住在爺爺、奶奶的家…。而強迫被帶離開外婆家的哥哥,當時已經是國中生了。後來聽說哥哥因為不喜歡跟爺爺、奶奶住,接著逃學、逃家,甚至現在已不知去向了。而他們的媽媽和部落的外公、外婆也無從介入…。現在,伊娃的媽媽已經嫁給了一位原住民,也生了一個弟弟。只有在過年、過節的時候,伊娃才會看到媽媽。平日就跟著外公、外婆、叔父、舅舅一起生活。

現在已經國中階段的伊娃,她在台北的爺爺、奶奶從來沒有過問關心她,而她一開始就成為外婆、外公大家族的成員之一了,是外公外婆名下的孩子。伊娃並不是部落成員的新面孔,還常常是較年幼孩子眼中的小姐姐。雖然她不愛說話,卻喜歡跟大家一起玩。

後來兩位民意代表也先後走會場敬酒問好。而 gugu 在喜宴中場就把手邊所有的酒精飲料是先前不少幫忙倒酒過來的賓客留下來的偷偷倒完在腳邊後，就跟在座的年輕婦女知會一聲先行離席。gugu 跟在阿嬤後面，順便把在路上跟朋友玩耍的拉虎喚回家，她意猶未盡的跟她的朋友們說再見，因為她知道作業還沒有寫完，要不然她一定會繼續留下來玩。回到家，看到姐姐邊寫作業邊看電視。阿嬤要她先洗澡，gugu 要她再趕一下進度，等 gugu 洗完澡出來時再換她洗。

　　拉虎在客廳隨口跟躺在沙發看電視的阿嬤說，她有拿學校儲蓄的錢十元買東西。阿嬤罵她亂花錢。而妹妹原本想先寫作業，可是書桌姐姐正在使用而作罷。gugu 怕阿嬤忘了就提醒阿嬤要拉虎吃藥，拉虎又是一陣不服從阿嬤的話而拖著時間，最後還是 gugu 放下手邊的書籍，從房間出來故意要倒水喝水，拉虎才聽阿嬤的話吃藥，卻因此藥效發作很快就睡去了。阿嬤來跟 gugu 說拉虎睡覺了，她的功課要明天再寫了，提醒 gugu 有這件事要注意明天一早孩子作業的完成度。而姐姐洗完澡繼續寫功課，阿嬤在一旁的沙發陪伴她。約晚上九點，gugu 來去客廳看了姐姐的作業進度，並和阿嬤小聲聊起今天妹妹拉虎的說話內容，說她拿了學校儲蓄的錢三十元買鉛筆，阿嬤才確認先前妹妹跟她說的話是真的，便生氣的想起拉虎騙阿嬤說只拿了十元的事，說明天要修理她。

　　gugu 回房間繼續唸書，聽到妹曡姐姐接聽電話後請阿嬤聽，說是都蘭山的阿嬤。是妹曡阿嬤的姐姐打來的。因為阿嬤她們的腔調很大聲，所以聽得見他們姐妹倆電話聊天的內容；是阿嬤姐姐生病治療的情況。而妹曡阿嬤告訴自己親愛的姐姐說，昨天在參加先生表妹在馬囊哈斯的喜事，見到表弟的情況。還聊其他親戚的情況，又聊哪裡的診所服務態度好不好的情況…。最後妹曡阿嬤跟她姐姐說要多保重身體了，又說今天有去農會拿了老人津貼繳了電話費，再補充說最近吃喜酒，在別的地方一千元，在自己的部落要多一點，又多說了 gugu 種小米的情形…。聊有二十分鐘吧！時間十點，祖孫三人睡覺了，而看了一下電視的 gugu，在布衷電話打來關心問候之後，才不知不覺睡在客廳沙發上…。

七、生活即教育

　　新的一天開始，太陽溫暖著，一行四人下山到街上，買阿嬤在掛念著的東西如排油煙機的濾油網等日常生活用品。再回程到部落就直接去孩子阿公墳墓的山上砍草。孩子在土地上奔跑玩耍，後來 gugu 叫她們挖地瓜。從山上回到家，gugu 的好友來家裡聊聊天，談著她幫忙男友家辦理小弟婚事的情形，然後又因忙著的事未完成要先離開了。

　　姐姐妹曡及 gugu 和阿嬤三人吃了阿嬤煮的麵食當中餐，妹妹又不知道什麼時候偷跑出去玩了。gugu 請姐姐吃飽

後去找妹妹回來吃中餐要吃藥了。天氣越來越熱，gugu 在房間看閒書，祖孫三人在客廳看電視、寫作業。後來阿嬤把電視關掉，到外面去把她燒好的樹葉殘灰移到菜園去當肥料，然後在屋外的爐灶上起火，要煮樹豆加排骨湯。旁邊另外一個爐灶起火烤孩子們早上挖的地瓜。

在煮樹豆湯期間，坐在柴火旁邊的阿嬤叮嚀已嫁做人婦必須常為夫家人設想的 gugu：「小孩子不能吃肉類的脊髓液，這樣他學不會爬樹，或者爬樹會掉下來」、「兩個人不能一起吹火助燃，脖子會變粗或者長東西」、「煮菜的時候，不能很多人先品嚐，只能一個人品嘗味道，要不然走在路上會被別人丟的石頭打到」…。gugu 對於這個訊息感到窩心與有信心能做好。

地瓜熟了，阿嬤叫孩子出來吃，gugu 陪孩子一起吃地瓜，阿嬤就去客廳看她的電視。而在外吃地瓜的妹妹<u>拉虎</u>自我炫燿的說：「還不是我挖的（比較多）」。姐姐說：「對阿！謝謝你妹妹」。gugu 請她們問阿嬤要不要吃地瓜，阿嬤說不要。

三人吃著阿嬤烤的地瓜在聊天，姐妹倆一直說真好吃，gugu 認為是一個好的機會教育而補充了：「所以要吃地瓜要自己挖、自己種」。

姐姐說：「可是是阿嬤種的！」。

「對阿！所以想吃什麼就自己種什麼！」gugu 回答。

妹妹接著：「gugu，阿嬤地瓜的種子是哪裡來的？」。

gugu 不假思索：「是阿嬤從以前自己種留下來的阿」。

她又問：「可是是從哪裡來阿？」。

「地瓜以前就長在那裡了，因為阿嬤一直種下去，所以一直有地瓜阿」。gugu 的經驗告訴她。

姐姐跳出來：「那南瓜是什麼時候可以吃？」。

「大概半年吧！要問阿嬤，我不確定！」，姐姐去問阿嬤同樣的問題，阿嬤說五、六個月才是成熟期。

姐姐吃完地瓜就去客廳跟阿嬤看電視，gugu 和妹妹在火堆旁繼續聊天，妹妹把吃剩的地瓜殼丟到火堆中，被 gugu 大聲罵：「不能把自己吃過的東西丟到火裡面」。

「為什麼？會怎樣？」。

「因為以後嘴巴會爛掉」。阿嬤以前也這樣罵 gugu。

妹妹趕緊用長鉗夾把地瓜殼從火堆中夾出來。然後她自己玩起火來，把在旁的玉米梗用竹子串起來放在火堆裡烤，她說：「我和阿嬤烤火的時候，我都這樣燒火」。

「那是什麼？」gugu 試著問。

「玉米中間的阿」，她理解著。

「那個要先晒乾才能燒」。gugu 認為這是常識。

「為什麼？」。

「因為溼溼的燒不起來」。

「哦！」她又有了答案。

過一會兒，gugu 因冬天未散去寒冷的抖擻而要進屋內看電視，妹妹問：「你喜歡看電視哦？」，「沒有阿！我想進去有點冷…」，gugu 故意進屋，內心想不讓她玩火，但她繼續玩。於是進屋的 gugu 請看電視的姐姐把電視關掉，請去玩別的。阿嬤已先去洗澡再出來浴室時，進來客廳找妹妹要她洗澡，gugu 說：「她在外面燒<u>幾步兒耗</u>（玉米梗）」。阿嬤說真浪費柴火，便出去叫她進來，姐姐問 gugu：「<u>幾步兒耗</u>」是什麼？」。

　　「就是玉米中間那個白白的，晒乾後可以當柴火燒」。

　　傍晚時分，大家在屋內休息，姐姐在客廳玩家家酒，妹妹在旁邊看，gugu 在一邊若無其事的無所事事。阿嬤到外面掃地，然後又去菜園摘了香菜，gugu 問她忙什麼？阿嬤說要等垃圾車，gugu 跟阿嬤建議：「等下叫孩子丟就好了！都不會讓她們學習做家事長大了…」。

　　垃圾車來了，孩子在路上等垃圾車的同時也在玩耍，阿嬤不時會去馬路上看她們，後來叫妹妹先進來洗澡，由姐姐來等垃圾車，gugu 在旁邊看著。晚間過五點，大家已經吃完晚餐在客廳看電視，聽到阿嬤在門外用木材敲打大骨頭，要吃大骨裏面的脊髓液，妹妹跑出去問：「阿嬤你在做什麼？」，她又進屋後，gugu 告訴她：「小朋友不能吃那個東西，將學不會爬樹，容易跌倒…」。

　　<u>拉虎</u>很想吃吃看而說：「我不怕阿！」。

gugu 陪她們看一下電視，就跟她們說電視要休息了，請去玩別的。看她們在客廳地上，先是玩牌子撿紅點，再來玩紙張…。然後 gugu 請姐姐給妹妹吃藥。完畢後，她們來房間聽 gugu 隨身碟裡面的音樂，反覆進出房門又離開，後來妹妹先睡著了，姐姐和阿嬤看電視，gugu 在房間唸書。不知道大家什麼時候睡去的。

八、學校功課，部落家常

又是新的一天開始，時間約七點，拉虎在唱歌嬉鬧中醒來，阿嬤在廚房忙著。後來游走於屋外廣場及 gugu 和姐姐房間看看的拉虎，每玩到姐姐那裡就吵著要她醒來陪她，終於妹疊還是在拉虎愉悅的嬉笑中被吵醒，阿嬤後來叫喚著大家吃早餐。

在餐桌期間，拉虎繼續唱著昨晚從 gugu 那裏借的 MP3 裏聽到的日語歌曲。而 gugu 因擔心下雨而提醒阿嬤：那個鵝在外面沒有遮雨棚！下雨。

阿嬤知道根本無礙不擔心：牠們喜歡下雨啊！話鋒一轉，指向兩個孫女又說：暑假妳們去住在小姑姑那裡玩。孩子反問說：那妳呢。阿嬤夾著飯菜說：要出去走一走，都在家裡跟妳們吵架，等下你們在家寫作業，阿嬤去禮拜。

姐姐妹疊試著問：我們不能跟你去教堂嗎？

阿嬤清楚要趁 gugu 在家的時候讓孩子的作業完成說：

你們不會寫功課啦！gugu 走了的時候。

妹妹接著：gugu 要做什麼？

阿嬤說：他要去布袞家整理東西。gugu 怕兩人會想到其他玩耍的藉口而不寫作業又接著：我馬上回來。

吃過早餐後不久，兩個小孩拿作業找在房間唸書的 gugu。妹妹先來，gugu 看了她的聯絡簿：課文兩遍，數學一頁，交回條（課後照顧及經濟現況調查）、讀故事書。她全部完成後，剩下讀故事書，gugu 請她到客廳讀，並告訴她等下將要問她故事書內容在說什麼！她拿著作業去客廳念讀了。換姐姐過去找 gugu，並叫著阿嬤說：有要蓋爸爸的印章。gugu 知道阿嬤在忙著家事先打斷她說：阿嬤在忙等下再說。

姐姐就把一疊作業拿來 gugu 面前：數學兩頁（乘、除法），故事心得一遍，每週一讀及查生字。而查生字的作業因為沒有從學校帶回字典，所以未完成。gugu 打算叫她嘗試先寫知道的生字及造詞，不過她擔心沒有按照字典規定說：老師說不能亂寫，寫簡單的，老師會知道。

gugu 建議她：那等下去借同學的字典。檢查完她的作業，姐姐去客廳打電話給同學，聽得到同學好像不在家，就過來跟 gugu 說：我不敢去同學妮芙的家（借字典），有狗我很怕。gugu：那等下再說。

客廳的電話響起，姐姐去接，是她們的爸爸說等下要回

127

來，並問她們今天要做什麼？姐姐小聲說一個大人的名字：×××。

妹妹說：哦…喔…你直接叫大人的名字。

姐姐掛完電話進來房間。gugu 問說：妹妹說妳叫大人的名字？

姐姐強詞說：我又沒有。

gugu 叮嚀：不能直接喊大人的名字（指名道姓）沒有禮貌。然後請姐姐去跟阿嬤說：爸爸等下要回來。

她走到門口走廊向阿嬤的洗衣場大聲喊：阿嬤！爸爸等下回來！阿嬤從洗衣場的聲音傳來：哦。

gugu 問回頭的姐姐：阿嬤在幹嘛？

姐姐聽到洗衣機轉動的聲音說：她在洗衣服和曬衣服。後來她們姊妹倆在看書的 gugu 旁邊玩。由於太熱鬧了，gugu 先請孩子去洗臉、刷牙，因為要帶兩人一起去布衾家。阿嬤曬完衣服，再去浴室洗頭出來，到客廳用吹風機。兩姊妹盥洗出來給 gugu 檢查儀容牙齒，阿嬤繼續吹頭髮。

阿嬤對兩個也在整理自己服裝的孫女說：你們的作業要收好。

姐姐想先盡快完成連絡簿的事：爸爸的印章要蓋章。

阿嬤不解的問：要做甚麼？

姐姐覺得大人的遊戲好玩：拿過來就對了，我要自己蓋！

阿嬤再問：為什麼要蓋章？同時進去 gugu 待著的房間衣櫥要拿印章。

　　妹妹接著說：老師規定的，就是要蓋！

　　阿嬤讓孩子把印章拿去蓋，姊妹倆分別自己蓋，後來 gugu 按耐不住孫女倆的天真，走出來對祖孫三人澄清：印章是不能亂蓋的，不是老師說要蓋就蓋！你們要讓阿嬤知道是什麼事情學校要蓋家長的印章，阿嬤自己才可以決定要不要蓋。

　　阿嬤已經習慣這樣的情形說：沒關係，她們學校要用的。姊妹兩人蓋完印章還給阿嬤，阿嬤拿到印章對姐姐說：老師講的要蓋哦？

　　姐姐：對啊！有通知單啊！

　　阿嬤：有沒有給 gugu 看？

　　姐姐：有啊！阿嬤沒話說了。

　　後來巴力因為去醫院照顧生病的爸爸而難得回家一趟的阿丙阿嬤，來到鄰居家裡找阿嬤聊天，gugu 跟小朋友說：巴力的阿嬤來了，好久不見。先是阿嬤出來門口歡迎她。她們一見面便開心的一直聊天一個小時很快就過去了，她向阿嬤報告大部分在講看顧爸爸生病住院的情形與家裡的大小事。

　　後來 gugu 送巴力與巴力阿嬤和妹疊阿嬤去教堂彌撒後，就和兩個隨同的小姊妹先回家給妹妹吃藥。然後出去到附近山上走走後，回頭再回到部落天主教堂接阿嬤們做完禮

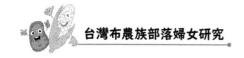

拜回家。

　　近午兩個姊妹與阿嬤同行去參加婚宴。由於喜宴會場的椅子，真如阿嬤預期的已經被人先藏起來了，於是 gugu 就帶著妹妹去找位置坐下，而阿嬤帶著姐姐在另外一邊的桌子找位置。還好找到了常往來的部落婦女的桌邊，請求是否可以同桌併坐，她們才把椅子從桌下拿出來。

　　gugu 離開喜宴會場前，向也來參與宴席的好友約好明日一起出發回花蓮過和布衮的生活。回家後，阿嬤把喜宴的小菜放好，隨後就又出門不知道去哪裡？姐姐跟 gugu 說，她同學不借她字典，只借另一個同學！雖然她家有五個字典。於是 gugu 帶著她們姊妹下山去買字典；一本一百七十元，建華出版的。

　　再回到家門口馬路時，巴力阿公看到孩子們在拿刷馬桶的刷子，用水刷路邊的牆壁而大聲斥喝著巴力說：不要玩骯髒的東西！而小孩們因跑開了大人視線而經過了 gugu 的旁邊得到的建議，逃到了大山邊下玩耍。gugu 看了他們一段很長的時間；反覆玩腳踏車推上山去再騎下來，輪流推對方騎。

　　阿嬤還是沒有回家，gugu 坐到車上休息，想安靜一下席宴後的心情。順便希望能夠從車內看到孩子一起玩腳踏車的情形。而姐姐用新的字典在房屋裡查生字，完成最後一項作業。她們的爸爸放假醉了在沙發睡覺。姐姐寫完作業告

訴 gugu 也讓自己放心可以無憂無慮的玩耍了。gugu 怕阿嬤可能會喝多酒了，就先請她下去先找阿嬤。妹疊姐姐回來告訴 gugu：阿嬤在烏拉喃喃的店（店名）和巴力阿嬤在一起。gugu 看著巴力他們在玩並叮嚀姐姐：作業寫完了自己玩，可是不要走太遠。

後來還是怕孩子的阿嬤喝太多酒而需要攙扶，於是 gugu 跟孩子說要去找阿嬤，請她們在家玩。看到了兩個阿嬤在店裡喝酒聊天，妹疊阿嬤看到 gugu 就點頭示意要回家了。而 gugu 放心的離開便直接回夫家。晚上她一個人在布袞家睡睡醒醒。

隔天早上五點，好友電話打來約好七點出發，而 gugu 準備了行李再回阿嬤家向她們道別。到了阿嬤家，阿嬤失望的跟 gugu 說：我跟阿浪（兒子）講了山邊山上那塊地的情況，我想讓他知道，如果我還在的話那塊地要給他。但是他回去上班了。

gugu 進屋準備整理東西並跟孩子道別要回花蓮了。阿嬤在廚房忙著，她昨天晚上熱的東西沒有人吃。妹妹起床跟大家打招呼，gugu 叮嚀她說要好好吃藥，認真上學。時間約六點五十分，小朋友準備要上學。gugu 也離情依依的依約要去接好友了。阿嬤跟 gugu 揮手之後隨即進大門，gugu 知道阿嬤每次要送孩子離開很難過的時候，就不想目送他們離去。

◆除疏、打耳祭；期中考

持續農耕作物的照顧與學習部落婦女持家的實踐知識，是 gugu 重要的期中考題。幫小米除疏、祈求上天給予豐收、替小米驅鳥等活動，意會了小米與婦女以及土地的深厚關係。而孩子學校的學習與教育，在她們的期中考來臨之際，也在她們的家庭作業與生活當中，持續考驗著她們。

一、農作物與孩子的養護

前些日子，阿丙阿嬤和沙尼阿嬤及其他部落婦女都有來參加妹疊阿嬤三女兒回老家的滿共[17]。身為阿嬤家的一份子，gugu 在會場招待隨同大人一起來家裡玩的孩子。逗弄著沙尼阿嬤的孫子並同時問候在一邊幫忙整理野菜的阿丙阿嬤：巴力呢？

阿嬤把菜擺放好說：他在媽媽都蘭山那裡！

gugu 擔心年輕的父母沒有按照孩子作息的生活：那巴力怎麼去上學？

阿嬤較平常輕鬆許多回答說：他們會自己送去托兒所。

隔天，小米要除疏除草，一同參與為小米除疏的

---

17 滿共 mangung（布農語），意思是指出嫁的女兒生下了孩子後，男方家族就要殺一隻豬送回到娘家以感謝娘家的庇祐，兩方家族在此儀式中更增進彼此的情感。而從此以後孩子可以健健康康的長大。

dama海舒兒和布衾舅舅手裡邊忙著，邊討論小鳥如何橫行在小米園中的飛行；dama海舒兒用手勢比出從天俯衝空降的情形，布衾舅舅用聲調表示小鳥似箭咻的跳入小米園裡，而在最邊邊除疏的布衾說如何製造最好嚇跑鳥類的武器。但他們的結論是說，還是要像以前一樣一大早起床待在小米園一整天驅趕…。

一直幫忙農耕除疏的妹疊阿嬤在一旁參與大家的聊天內容，但主要是和dama海舒兒的太太談論著前一天女兒回家滿共（mangung）的情形。dama海舒兒不時也注意著聽講並先回應妹疊阿嬤說：排灣族除了有豬，聘金更多，當時我女兒結婚殺了十幾條頭豬！但是我的女婿回來打開冰箱說，你們的豬肉是麼吃的？怎麼連剩下留給自己的一塊都沒有？（女婿）他不知道布農族的豬肉不是給自己吃的，是要分給大家親戚及欠過賬（豬肉）的。

dama海舒兒的妻子阿莉說：我的小米已經長的尖尖的肚子了。阿嬤笑著回應他們夫婦倆：她們（小米）還真爭氣（kananu／趕拿弩）！懷孕了！

在一旁覺得有趣的 gugu 問：小米是女生哦？會懷孕？

阿嬤笑著回應：小米都是一樣的！沒有性別！都會生…。

gina阿莉試問著阿嬤：你有種黑豆（mainutahdun）嗎？

阿嬤自信的說：有阿！上次那個伊布還跟我要美努巴膽絲（豆類），我說不早講我已經種完了。

gina阿莉不甘示弱的跟阿嬷表示自己的勤奮：我種的是美努母母（另一種豆類）！阿嬷了解她的心意，知道婦女總是要為著全家在農事忙碌著，要是不勤勞多種些食物，家人吃不飽，女人家可是會被部落唾棄的：美努母母也很好阿！我還種一點樹豆！

gina阿莉慶幸自己也有種樹豆的告訴阿嬷：我也有種！

被除疏過的小米因除去了身邊擁擠惱人的雜草而顯得壯碩。後來 gina阿莉看著 gugu，然後想到他們夫妻倆請了工人來幫忙農事：他們很好、很會想自己的工作，以後不會餓肚子！現在的孩子都不會作農了。

阿嬷像是被稱讚自己一樣又謙虛：所以我一直吵著他們要工作勤快、多練習、多種植東西，以後是自己的！他們還在另外兩個土地種玉米和豆類…。阿嬷為孩子被稱讚而感到高興。

gina阿莉想到自己的兒女都不在身邊，感到社會的轉變有感而發繼續回應阿嬷嘆息說：真的很好！年輕人很少工作了！都是要花錢的工作、生活！現在的年輕人都生一個孩子，因為不好養！都要花錢！以前我們哪裡有用錢！都吃的飽飽的！

她們婦女對話的時間很長，一來一往，旁人思考很多、反省更多。

小米除疏的最後半天，是由阿嬷和她去年同時也來幫忙

小米除疏的姐姐來完工的。一早 gugu 就和她剛從北部回到東部工作的小叔，去到阿嬤家屋後面的山上採梅子，是跟小叔一起回部落老家的婆婆建議「嫂嫂家有種梅子」。因小叔昨晚說，他台北的同事想吃梅子，而早上 gugu 就帶他先到阿嬤家山上去採梅子。小叔天外飛來一筆告訴嫂嫂說：我這個台北的朋友已經結婚了，可是只要太太一懷孕就去拿掉，因為保險套只帶到一半。

gugu 頓時不知道該如何回應就只告訴他：梅子這次原來要給 dama 巴力採收的，後來他家因人力不足又不採收了，如果你有其他朋友要很多的話，就分他們一點自己來採收。

gugu 順便採了一些梅子，想說要給姐姐妹疊的老師，因為上次她的老師有提及到想要收購梅子。回到家，把梅子分了兩袋，要妹疊記得到學校時從書包拿出來給老師：就說是阿嬤送的，梅子洗淨泡糖就可以吃了。另一袋準備給拉虎的導師。

妹妹拉虎已經不知道在門前算數學算學習單多久了，一科學習單一共四張雙面！阿嬤在唸著快點整理要上學了。gugu 卻一張一張的慢慢教她，數學題目真的好難，有的題目讓當過老師的 gugu 都認為還不是學校教過的程度，也跟拉虎確認的確是學校沒有學過的內容。gugu 索性直接把學校沒教過的數學題目，直接給拉虎算式及答案，而沒有讓她具體操作。同時姐姐頻頻來看她完成的進度，並幫她對了幾個簡

單的答案，終於完成了，她們在匆忙中趕去公車站。

　　送走孩子上學，阿嬤和 gugu 要去已經長的像手掌一樣長的小米園除疏，在到小米園的路途中，遇到了都是阿嬤級的坪雅及 dama 巴力的太太吉瓦，她們在吉瓦的小米園中看農作物生長的情形。坪雅阿嬤見到妹疊阿嬤提醒著：今日要上老人日托班。阿嬤回說：已經請假了。

　　送阿嬤到目的地，gugu 再回頭準備小米除疏用的大小工具，並且按照阿嬤的吩咐，要在部落大馬路上等待不知道新耕作地的大姐，帶她上去新的小米園地。阿嬤的大姐在路途中被 gugu 攔下，然後騎著阿嬤大姐的摩托車載她到小米園和阿嬤會合。途中又遇到剛才的兩位阿嬤，坪雅阿嬤驚訝又嫉妒年輕的小女孩：gugu 這個小孩連阿嬤的姐姐都請來了，讓她們兩個人一起工作…。阿嬤的姐姐笑著回應祖護著孩子 gugu 說：沒關係，太陽還好。

　　到了小米園，阿嬤的姐姐還給她的妹妹帶了她要的野菜 salahuru。姐妹兩人相見歡，gugu 像去年一樣夾在她們中間除疏，聽她們在聊天，聽的真入迷。妹疊阿嬤先是開頭早上的一個插曲：早上沙尼要求我說也要工作參加除疏除草，我說她的孩子怎麼辦？她說要給 gugu 帶，我說她也要工作…。就告訴她說妳要來（幫忙）！

　　阿嬤姊姊同意妹妹的立場：對啊！小孩子怎麼辦！

　　除疏中的兩個阿嬤提到這個插曲時，自問自答：他怎麼

知道（除疏）還沒有結束？也知道你要來？一定是昨天他們基督教禮拜一起時海舒兒夫婦或是親家母有一起聊天說的…可是孩子怎麼辦？

後來換姊姊說：我試著種一點點（小米）面積，長得好漂亮，結果鳥連一串小米都不留給我…。（沉默一會兒）我一早去拿的野菜長很多。

妹妹謝謝姊姊帶來的野菜：真好，夏天喝！

姊姊知道哪裡有健康的野菜：怕被人打農藥了所以趕快拿！

妹妹阿嬤擔心著野菜的數量：那夏天要吃什麼了？我種的東西還沒除草！二女兒又買了小雞給我養…。

姊姊又想到自己最近的新鮮事：我也是買了烏骨雞來養。

妹妹喜歡養雞可以有菜吃卻又擔心現實生活：可是沒有錢買飼料！還好我有種玉米給巴力吉瓦幫忙絞碎（玉米粒）。

後來在一旁喝水的 gugu 陸續聽到兩個老姊妹的內容，還有之前妹疊阿嬤女兒回家滿共（布農語）發生的人事物，又有妹疊阿嬤的姊姊說她部落那邊的情形。時間在越接近中午，太陽越熱，帶著身孕而頭暈的 gugu 在其間休息兩次，向她們兩人「請假」幾分鐘在樹下休息。

在休息時，就幫忙到路邊上取水給阿嬤的 gugu，遇到dama巴力開著他的電動醫療車，特地來看看阿嬤和阿嬤姊姊除疏的情形，並看看小米除疏生長的情況，gugu 和他打招

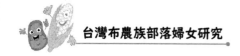
呼：「去哪裡啊？」。

他探探頭：「來看看你的小米除疏的情況！快結束了。」

gugu 也回頭看看小米園：「是啊！剩下一點點，還好我的 gina伊布有來幫忙」…。

「灑肥料後就長的更好，你看海舒兒的小米已經長的很高了」。

gugu 就事情的了解：「他說她們沒有灑肥料」。然後接著又說：「小鳥一定不會留給我（小米）」。

dama巴力安慰著 gugu：「不會啦！我的（小米）會先被吃完啦！再吃海舒兒的，還有哈魯谷的」。

gugu 試著問不確定：「我的大概七、八月收了吧？我二月種的」。

dama巴力用手指算了一下說：「大概六月底，七月初了」。

他們老人與小孩兩個又在對話有一段時間。送走老人後，gugu 跟兩個阿嬤說：dama巴力來看妳們很勤勞的除疏…。

三個婦女們在一陣細雨、一陣沉默，並享受微風撫過的涼意中完成除疏工作。

過中午一點點，完工回到妹疊阿嬤家，阿嬤姐妹倆人在 gugu 準備的豐盛午餐中，慶祝小米除疏完工。阿嬤和自己的姐姐在乾杯前，各自往旁邊倒了一些酒給老人家（作古的

祖先）說：「小米已經除疏完畢了，請讓小米好好的生長，不要壞掉了，我請你喝好酒，請讓小米主人的小米好好長大…」。大阿嬤也在一旁點酒默默祈求…。她們在愉悅與歡笑中喝酒、吃檳榔、聊聊天。gugu 在一旁仔細聽到的是兩個阿嬤在談論關於小米工作的情形與未來的準備事項…。

拉虎下午從學校回來，書包隨手一丟放在走廊，見長輩 gugu 打個招呼，gugu 示意她要跟阿嬤說你回來了。她放下衣物去跟阿嬤說：我回來了！然後她又過去 gugu 面前聊天。看看她臉蛋上的鼻子因感冒而滿是鼻涕，gugu 給拉虎一個嘲笑：你的鼻子太噁心了吧！先去用衛生紙清乾淨。她進屋裡弄乾淨鼻子再出來聊天。問她梅子有沒有送給老師？拉虎想到今天在學校的情形說：我不好意思啦！我看到書包要拿出來的時候，就不好意思…。gugu 要她小小的年紀學習懂得做人處事的道理：又沒關係，就說家裡自己種的，很多要分享給老師。然後她把梅子原封不動的從書包裡拿出來給gugu。gugu 告訴她就拿來我們等下一起做脆梅吧！

傍晚，gugu 再從夫家去接妹疊阿嬤和拉虎兩人去山下街上領錢繳電話費、買點菜、買罐頭。最後才應著拉虎的要求去買麵包。阿嬤採購好家用的東西上了車，拉虎就告訴阿嬤：我想吃麵包。

阿嬤翻了翻衣服口袋一邊說：看看有沒有零錢，等下回家要吃飯了。

停在麵包店門口，阿嬤給了 gugu 五十元說要買昨天她買給他們祖孫的吐司一樣的；有葡萄乾、有椰子香的。gugu 和拉虎兩人下車進到麵包店。gugu 叫一直在東張西望各種麵包的拉虎：自己拿要吃的麵包，順便幫姐姐拿一個。gugu 再拿了阿嬤的麵包和一罐鮮乳全部花了一百多元。車上 gugu 跟阿嬤報告了拉虎也選了姐姐的麵包共花一百多元。阿嬤稱讚拉虎的懂事：她就是這樣！每次有吃的東西都要留給姐姐一個，而姐姐不會這樣做…。

回到阿嬤家，剛好遇到垃圾車，大家在混亂中丟完垃圾。阿嬤下車後，想到還在廚房躺著的梅子而對著 gugu：你泡水的梅子要如何做？我不會。gugu 說忘記買砂糖了。阿嬤說廚房還有。

gugu 把梅子的水瀝乾後倒入鹽巴搓揉。

拉虎在一旁玩：我今天被老師打手心四下，用黑色的一條長長的。

gugu 總是百思不解學校已經禁止體罰的規定，老師還是一再犯：為什麼？

拉虎習以為常：因為我的數學題目抄錯了。

gugu 擔心她的粗心：怎麼會？拉虎不發一語，但是依然自顧開心的在一邊旋轉。姐姐回來了，gugu 問她帶去學校的梅子給老師了沒有？她說給了。

gugu 想知道老師的反應：那老師有說什麼嗎？

姊姊頭偏向一邊想了一下：沒有！

gugu 還是很想多知道一些老師的反應：那你怎麼跟老師說？

姊姊仔細詳細怕忘了一個步驟：我拿給老師！老師說怎麼會有梅子？我說剩下的！然後我說配糖吃就可以吃了。

gugu 微笑著孩子的天真。

二、不存在的女兒 gugu

回到花蓮下午上課中的 gugu，看到部落的未接電話而回撥過去，電話響了很久才有人接聽，是新來的村幹事：我是村幹事，剛才有一個小朋友在玩（在活動中心），頭受傷了！她哭著說要打給 gugu，我載她回家，阿嬤不在，說去山上了。我去山上找阿嬤請他早一點回家看看孩子的傷勢。gugu 擔心著孩子：嚴重需要看醫生嗎？村幹事想著部落童年的孩子：應該還好！就像以前小時候跌倒那樣！

gugu 感謝她的幫忙：謝謝你哦！我打電話回去看看，掰掰。

隔天清晨五點多再打電話回去給阿嬤家，gugu 想知道孩子昨天受傷的情形！是阿嬤接的；一下霹靂啪啦難過的訴說：昨天天氣很熱！孩子上課半天想說讓她們在家看書，今天要考試！我就去山上工作我的南瓜！<u>拉虎</u>在活動中心騎腳踏車被高年級的孩子撞到！額頭正中央撞到流血很多！教會

的教友下山送到街上縫了三針，可是健保卡不能用，說沒有繳錢了，三萬七千多元！還好護士認識妳（護士說是 gugu 的親人）就給她看醫生！我真的很難過！孩子的爸爸騙人說有繳健保費，我那麼老了還要接受這樣的折磨。說完阿嬤嗚嗚嗚的哭了…。

gugu 只能故作鎮靜：我講過幾次不要讓孩子自己在家了…。

阿嬤心疼著現在孩子學校功課的壓力：天氣很熱，讓她們在家讀書阿…。

gugu 請叫姐姐接電話，再請妹妹接電話，希望把他們家裡的氣氛緩和一些…。

後來阿嬤的女兒也打電話來問 gugu 孩子爸爸的手機號碼，並問 gugu：孩子的阿嬤有打電話給你嗎？

gugu 說：我知道了！昨天村幹事有在電話跟我說。

日子一如平常讀書寫作業，盡媳婦人家的責任義務操持家務。比起台東的寧靜，花蓮的早晨有點吵的六點，又因為前一晚的惡夢驚醒！所以打了電話給阿嬤的 gugu：你們在做什麼？

阿嬤：今天要去國小，每家要派一位出席去準備整理打耳祭的會場！然後有跟孩子的爸爸說要還給診所錢！她（妹妹）這幾次都是用欠的！一個禮拜就可以拆線了！現在好多了！

gugu 擔心孩子的照顧：那你等下要帶孩子去嗎？

　　阿嬤有學到教訓：要！帶去學校很多人看！還可以跟小朋友玩…。你的玉米有找人幫忙灑肥料嗎？前幾天有下大雨！

　　gugu 要阿嬤放心：有啦！

　　阿嬤放心了：有就好了！玉米會好好生長！沒事了！阿嬤叫孩子來聽電話。

　　gugu 電話問：喂！你有沒有打電話給爸爸說…。

　　姊姊知道問題了：有阿！

　　gugu 再次叮嚀：你等下和阿嬤還有妹妹去國小玩！要照顧妹妹喔！

　　姊姊瞭解妹妹的傷勢：喔！

　　gugu 再關心建議安全的遊戲：國小很多小朋友一起玩，你們可以玩上次我帶妳們抓蚱蜢的遊戲！

　　姐姐只能聽話：喔！

　　gugu 又是不放心：要乖乖喔！

　　姐姐依然很聽話：喔！

　　gugu 才放下責任般的心情安放而準備放下電話：掰掰。過了沒有阿嬤消息的兩天早上，六點四十。想說孩子差不多上學了。昨夜又沒有睡好而做了很多惡夢的 gugu，只有打電話給阿嬤解夢才能釋懷！是拉虎接的：喂！妳是誰？gugu 用平常孩童的口音問。

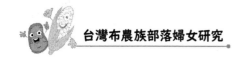

「我是<u>拉虎</u>！」

「妳今天不用上學哦？」gugu 驚訝搞不清今天是甚麼節日！

「今天要拆線！」<u>拉虎</u>解釋今天的行程。

「那妳的頭好了沒有？」gugu 關心傷口可否拆線了。

「好了！」<u>拉虎</u>覺得不痛了。

「那好了還要不要亂騎大的腳踏車？」gugu 提醒受傷的<u>拉虎</u>。

「不要！」<u>拉虎</u>確定的說。

「如果再跌倒 gugu 就生你的氣不跟你好了」。

<u>拉虎</u>沒有回應只是聽著。

「妳要跟我說什麼嗎？」gugu 想聽聽<u>拉虎</u>的生活！

「gugu，我們的鵝有生一個蛋了！」

「真的哦？真是太高興了！」gugu 笑出聲音。

<u>拉虎</u>沒有回應。

gugu 也笑著暫時先把言歸正傳：阿嬤呢？叫阿嬤聽！

阿嬤從外頭開門進來聽電話：喂！今天要帶她去拆線！已經好多了！小女兒說要跟他哥哥講健保費的事！說要讓他的老闆娘知道！不知道她們的爸爸去綠島工作了沒有？真是讓我很痛苦！孩子的緊急扶助又沒有下來！妹妹的醫藥費欠了一千多元還沒有給！我真的是…。

gugu 要阿嬤的心情不要太多負面而打斷她繼續講下去：

妳不要想太多…。

　　阿嬤想到一件可以算是快樂的喜事：妳的鵝生了一個蛋（高興的雀躍聲），我早上去看地上有一個沾滿泥巴的蛋！想說是鵝的蛋！因為比雞的大！像女兒阿布思上次一樣送的蛋…。

　　「那牠們的家要更大要不然…」。gugu 想說繼續這個讓阿嬤高興的話題。

　　不等 gugu 說完阿嬤就打斷：對啊！我在等布袞回來要做牠們自己的新家，兩個鵝放在一起，蛋就不會被雞啄了！妳下次回來問老闆有沒有在孵蛋？我們可以拿去孵化！

　　gugu 想先確認好跟老闆說好：那要幾個蛋就可以拿去孵了！

　　阿嬤根據經驗的推論：只有一隻公的會生很少！若有很多公鵝（交配次數多）就會生很多蛋！大概八到十個就可以拿去孵了！

　　阿嬤想到現實問題接著：妳這個禮拜回來要買雞飼料！妳的小雞已經沒有飼料了。

　　打耳祭沒有回部落參加、生活費花到底了、沒有交通費沒辦法回去。gugu 跟先生吵著要回去參加祭典！但這些年來布袞為著母親前面的房貸與弟弟生意失敗的連累，這次只能抱著歉意沒有帶懷著身孕的 gugu 回去。而阿嬤一直藉著各種生活疑問打來電話想知道 gugu 何時會回來部落？但是

gugu 就是沒有辦法給予充足的理由說為何不回去參加祭典？因為不能讓阿嬤擔心孩子們在外的生活。上次先生放假回去工作崗位以前，夫妻兩人的總財產不到一百元！還好先前過年友人送的便利超商禮券，可以買一些餅乾，加上還有過年前買的奶粉，gugu 一個人在花蓮布袞的宿舍生活還可以撐著一段時間！

　　而因為無數次電話的問候已經疲乏，阿嬤或許是失望而沒有再打電話來邀請姑姑回部落參加打耳祭，只好拜託了常跟 gugu 聯繫的小女兒打電話給她：叫 gugu 打電話給全國電子說，還不能去拿先前 gugu 幫忙阿嬤訂的冰箱置物盒。gugu 知道阿嬤生氣了，生氣著騙她老人家說要回家，生氣著她老人家一直期待著 gugu 回去的心情落空…。

　　gugu 這幾天常夢到阿嬤的兩個孫女姐妹倆，夢境是她們很想念、很需要遠在北方的 gugu！gugu 也只能用想念來表達自己的情緒；不知道她們的作業寫的如何？有沒有被老師打？有沒有欺負阿嬤？更擔心阿嬤的落寞…。

　　而在花蓮的 gugu 當然也只能為了婚姻與家庭生活被綁在另一邊，雖然也想回家卻連回去部落的交通費也沒有著落。這樣的情況當然不能讓阿嬤知道，雖然她老人家大概隱約知道一些 gugu 進入婚姻後這些年的經濟境況不好，又為了偷偷繼續唸書而陷入窘境。卻也只能在精神上鼓勵與支持。

又是一個尚未清醒過來的早晨，回想著昨晚又作夢到部落的祖孫她們三人，以及部落的老人與小孩。gugu 自己解夢著；大概是互相太思念吧！鼓起勇氣打了電話回去，沒有人接聽。

隔天清晨，又再鼓起勇氣打電話給部落，是孫女姐姐妹曡接的：「gugu 喔！」

gugu 有點不知如何是好的開頭話題，只好推卸責任：妳們怎麼都沒有打電話給我？

姐姐想到眼前的工作：我要準備去上學了。

gugu 關心興奮的童音：妹妹呢？妳們有沒有事要告訴我的？

姐姐和妹妹通常最在意的事：gugu 你什麼時候要回來？

gugu 想到一個好理由：要到母親節了，下個禮拜，因為我正在考試還沒考完。姐姐驚訝問已經大學畢業了的大人：妳還在考試喔！

gugu 想到阿嬤在屏東工作的小女兒邀請阿嬤祖孫三人去屏東過母親節：對啊！考完就可以回去看妳們了，還要跟我說什麼？有什麼事嗎？我想說，妳們阿嬤母親節要不要去屏東小姑姑那裏玩？我帶妳們去？

姐姐知道這是需要大人的決定就去叫阿嬤聽電話，gugu 緊張在電話頭邊等著已經好久沒通電話的阿嬤來接，聽到她聲音愉悅的跟 gugu 打招呼，大概已經對 gugu 沒有回去感到

釋懷了：嗨！好久不見了，妳怎麼都不回來…今天我要去買雞的飼料，（雞）又要吃完了上次我自己買的小包飼料。

gugu 聽了阿嬤似乎已經不在意沒有回去部落打耳祭的事而如釋重負：「因為還在考試，布袞又沒有放假不能回去」。

阿嬤關心著：還沒有考完哦！那個烏骨小雞已經長大成中雞了，妳的鵝孵了六個蛋了。

gugu 希望趕快跳躍到了解阿嬤的生活：那還沒有把烏骨雞放到較大的雞寮嗎？

阿嬤把牽掛的事說出：因為養雞寮還有三隻大雞，要等你們回來再殺來吃啊！要不然他們會欺負小的烏骨雞，我也在等布袞回來，要蓋一個鵝專門的家，這樣就不會太擁擠了；鵝的蛋，已經超過孵化的時間，妳回來再煮給你們吃。

gugu 自責的問拯救鵝蛋孵化計畫有無其他辦法：不能拿去保溫孵化了嗎？那個鵝難道不會自己孵鵝蛋哦？

阿嬤的經驗：不行啦！超過時間了，沒關係，第一次生的蛋，孵化率不高，而且鵝孵蛋的地方那麼小，會被其他的大雞啄。

gugu 想到以前看過阿嬤養雞孵蛋：不是可以放在畚基嗎？

阿嬤又是部落婦女的經驗老道解釋著：那是雞啦！可以！鵝的不行，牠們都是要在地上孵蛋的。

gugu 有些內疚只能轉移話題：哦！那等下個禮拜母親節

回去再叫布袞用。

阿嬤想到另一個讓 gugu 回部落的理由：妳的玉米長得很漂亮、已經開花了，可是草跟玉米一樣高，想說幫妳砍草，可是想到你的老人家看到會說，難道他們不會自己用哦！

gugu 要阿嬤別掛心：沒關係，下禮拜布袞放假五天再跟他一起砍草。

阿嬤想到小女兒上次解釋 gugu 不回家的理由自問：不是這個禮拜還在用國外進來的機器（軍事裝備）沒有休假…。接著回到近來的生活：哦！我最近都很多喜帖，這個禮拜又是哈衣瓦的，都沒有錢了，上個禮拜打碼將包一千兩百元紅包，這個禮拜又有，我生氣你的妹妹，把錢放在同學那裡，然後寫上她和我的名字給她同學歸寧的紅包，可是我已經包過了啊！那一天在外面遇到她男朋友部落的人家，告訴我說，不要把女兒給對方做媳婦了啦！他們家越來越窮，而且父母一直靠最小的兒子（妹妹的男朋友），都不找二兒子…上次他們家辦喪事，妳妹妹還幫忙他們，都不知道他自己的媽媽也需要照顧的生活，我一直在生氣，不想跟她說話…。

gugu 了解阿嬤小女兒的情形打斷了阿嬤：妳不要亂想，幹嘛亂生氣，一樣都是妳的孩子啊！

阿嬤想到現實生活的難處，提醒了 gugu：我現在有困難

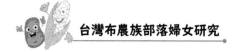

了，小孩子的爸爸不知道有沒有繳健保費了，現在那個小的在感冒，我都要花錢給他看病，妳也要趕快找工作賺錢…。

gugu 知道自己的處境進退兩難，從國中畢業就常違背家人的期望去外面賺錢養家的意思，都堅持跑去偷偷唸書，即使常要休學一年先賺錢繳學費再復學，或是寒暑假打工貼補生活費，但是 gugu 就是不肯放棄要唸書的興趣：我知道，我也想趕快工作啊！（生兒育女傳宗接代的壓力與阻力又來襲…）

阿嬤同理著她：我知道你會把我放在心理…。即使嫁做人婦繼續偷偷自我進修，阿嬤一路上還是在精神，甚至在小小的物資上支持 gugu。阿嬤希望 gugu 趕快把學業完成：我知道你的意思啦！那妳要加油快點畢業…。

gugu 想到生活的現實：哦！電話費很貴，下個禮拜回去再說。

阿嬤一直放在心裡的重要日子：母親節快到了哦…。

gugu 要阿嬤放心：我知道啦！到時再說。

阿嬤意猶未盡：哦！

電話掛下，心情輕鬆許多了，聽到她們健康平安一切安好，雖然忘了要說昨夜的夢境，可是，大概也覺得不必了。不過昨夜不斷與人衝突的夢境很深刻，讓 gugu 自己解夢並反省：對很多事情不要太執著，在生活、在學術研究，尤其在夫妻關係。

又隔了幾天，夢到部落的姐妹倆在哭和阿嬤傷心的畫面！gugu 肯定自我的解夢是太思念她們了⋯。

三、試煉教養

去屏東參加論壇會議兩天的 gugu，終於搭自強號火車要回台東的部落老家！準備跟親友會合一起回家，給等待已久的阿嬤過母親節。下站到阿嬤部落山下的火車站不久，就看到親友來接的箱型車，阿嬤的另外三個外孫都在車上聽布農族歌手的歌曲。路上他們買了四瓶要煮燒酒雞的料理米酒和其他小朋友要喝的飲料！阿嬤已在家煮燒酒雞和兩樣菜等著。阿嬤的三女兒準備的是她兒子送的母親節蛋糕！

gugu 看到好久不見的阿嬤祖孫三人出來迎接，思念的感動讓鼻子酸酸地。

一陣大人小孩熱鬧寒暄之後，大家在客廳席地而坐準備慶祝母親節。阿嬤的三女兒在慶祝會開始之前，先跟阿嬤解釋夫婿因為副總統呂秀蓮有來地方視察，所以不能放假來一起過母親節。然後在小客廳擁擠而顯得熱鬧中，三女兒的小兒子唱了母親節的兒歌開場，並送了一張自製的卡片給阿嬤：祝阿嬤母親節快樂。

而 gugu 拿出在屏東由阿嬤小女兒託送的紅包轉交給阿嬤：母親節快樂。三女兒是拿出自己和由阿嬤二女兒託送的紅包：祝你母親節快樂，健康長壽。最後是 gugu 有點不好

意思的跟大家說：明天我的部分再補給阿嬤。

接著大家一起唱遊子吟給阿嬤聽！阿嬤聽完高興地鞠躬謝謝大家！大家便在阿嬤帶領的祈禱後開動吃蛋糕、聊天、大人喝阿嬤的燒酒雞。大人吃著喝著又稱讚著阿嬤養的雞又大又漂亮…。而飲料罐在孩子手中移動。

餐後，遊戲與嬉鬧聲越來越大。在慶祝母親節一開始，阿嬤還說要邀請沒有女兒的鄰居沙尼阿嬤一起來過母親節，卻被三女兒認為會分去一家人先相聚同樂的甜蜜時間而打斷：等下再說啦！後來進行過程中，阿嬤還是要孫女妹疊打電話叫沙尼阿嬤上來一起過母親節。妹疊電話剛掛完不一會兒，沙尼阿嬤就帶著三兒子的大兒子一起上來，他們又是一陣熱鬧聲高潮迭起的慶祝。席間三女兒提到全國布農族打耳祭，是他們鄉公所主辦。並分享他身為鄉公所的一份子在籌備活動的辛苦情形。而兩個阿嬤也回應近日部落老人，為了這個全國性活動在練習比賽的情形。很多聲音淅瀝嘩啦而熱鬧，慶祝母親節的音符結束時，已經是晚上十點多了。布袞是在客人都送走後，才從花蓮放假趕回來，岳母還幫他留了一隻大雞腿給他當宵夜吃。

慶祝母親節隔天的清晨，gugu 被阿嬤做家事的吵雜聲弄醒，依稀聽到她對著在客廳因床位不足而睡覺在地板上的布袞兩人：等下載我去老家那裏採收剩下的黑豆，然後我要去教會。gugu 像是孩子般的揉著眼睛爬起來跟房內熟睡的兩個

小孩道早安，並要昨晚為了等姐妹倆的大朋友長輩布袞而很晚睡得他們起來說：dama布袞回來了。小的拉虎起床了，跟在地板上睡覺的布袞道早安聊聊天。布袞後來也被大家吵醒了。夫妻倆帶著兩個姊妹送阿嬤去山上，然後也去看了他們的小米園及玉米生長的情形。布袞跟在山上工作的家族長輩聊農作的情形後，才又載著大家去阿嬤那裏幫忙採收黑豆準備接她回家。

自從有了小米種子後，布袞妻子也有了身孕。現在難得趁著布袞放假才有回部落的日子，gugu 特別珍惜要布袞好好加強做好山上田裡的農事。不過今天比平常起床晚了一些已經六點。夫妻倆才準備去小米園拉反光線以防小鳥來偷吃小米。

婆婆也早已在五點天剛亮時，就和先生 [18] 出去她的耕作地上工作了。gugu 先回家解決夫妻兩人的早餐，再準備好工具之後才驅車到小米園。布袞在路上看見自己的媽媽邀請的工人正在和繼父搬運竹子，於是先幫忙他們的工作，和工人一起搬完竹竿，是準備用來搭菜苗攀沿用的棚子。

gugu 只好就一個人先去小米園自己獨自拉反光線並丟石頭趕鳥。拉著反光線穿梭在小米園中，在樹與樹之間交叉綁上反光拉線。由於天氣炙熱，gugu 一度熱到必須馬上到陰涼

---

18 gugu 的公公很早就因病過世，婆婆改嫁平地人的先生。gugu 嫁進門時，就稱呼布袞繼父為叔叔。

處休息。回頭幫忙的布衮看到妻子坐在石頭上，似乎不對勁的也不再跟他說話，倒是聽到妻子呼吸急促喊著頭暈。他舞步飛來卸下 gugu 腳上的工作鞋和襪子，並鬆開頸部上的鈕釦。他想是妻子熱暈中暑了。

看著妻子漸漸好轉，兩人有了對話，布衮還是心疼唸唸有詞罵了妻子幾句話之後，才開始做趕鳥的稻草人。而 gugu 也在休息過後，繼續採收已經快熟成的糯米玉米，是要帶回花蓮學校分享給同學和朋友的。當然也是自己喜歡的食物。想說可以順便送一些給巴力阿嬤，在花蓮照顧住院的先生。

今天的工作終於告一個段落了，夫妻倆要離開部落回花蓮之前，還去了阿嬤家道別，但是其實是 gugu 想再跟阿嬤要一點她種的黃玉米。因為自己種的糯米玉米產量較少，怕不夠分給學校的朋友和老師。阿嬤要她自己到田裡去採拿，但是叮嚀要把採過的玉米梗砍下，要不然別人看到玉米已經被採收過了，就表示可以偷拿了。

在去接阿嬤的田裡，阿嬤跟 gugu 聊天提到，每天會來家裡找她聊天的沙尼阿嬤：我早上把莎比（二女兒）要送給比薩如（沙尼阿嬤的孫子）的兒童奶粉給她了…。阿嬤想到今天夫妻倆的工作又繼續說：你們太早拉反光線會引起周邊小鳥的注意，應該先讓牠們吃別人家的小米，牠們很聰明，看到你那裡拉了反光線就表示有東西可以吃了！你看海舒兒阿莉夫婦的小米提早收成了，因為怕小鳥沒有留給他們，

這個小鳥真的是…。阿嬤接著又想起老人日托班同學的交代說：gina阿布斯說要跟你們買小米飯，說是要給她女兒到時生產坐月子時吃的。小米飯是很有營養的東西，給孕婦吃最好。到時我也要留一點下來自己吃。你的糯米小米上次剩下的什麼時候拿來給我？我想先試著做小米酒看看。

阿嬤繼續說小米酒製作的過程，大概的重點是：孕婦及男性不得靠近！小米將不會發酵成功釀成酒…。

為了跟著 gugu 去屏東小女兒的工作地走走幾天，阿嬤特別請了阿丙阿嬤幫忙餵養雞鵝。而布袞夫妻倆週五也為此行程提早去學校接回兩姊妹要趕路在天黑之前到屏東。妹妹拉虎的導師還特別來找在車上因腳痛等待的 gugu。說是要找她談孩子在寫字及學習上的情況。gugu 先是感謝老師的辛勞，再補充復誦了兩個孩子家庭功能的限制；平常只有阿嬤一人在帶兩個姐妹，現在長大了，也比較會跟阿嬤頂嘴，感謝老師多費心…。和老師溝通完孩子的日常生活習慣與思維，老師對於心中的疑問似乎放心了。期中考後，兩個孩子們的平日學習表現，都在安全的範圍內，倒是妹妹拉虎的學習習慣要加強叮嚀，gugu 總是在聯絡簿上簽名的時候，除了檢查姐妹倆作業的情況，幫忙孩子複習功課，也會在聯絡簿上跟老師溝通孩子在家的學習經驗與問題。

回到部落總是要載阿嬤到老家山上那裡工作，阿嬤今天要收成她的玉米。知道 gugu 隆起的肚子已經不太方便採收

155

很多的田裡工作，阿嬤也順便幫忙採收了她種的糯米玉米。說是可以幫忙一起曬。看著收成的玉米因為被松鼠、老鼠吃得很富有，gugu 的心情生氣又無奈。聽阿嬤說這次前後就逮捕了六、七隻的松鼠在她玉米園裡偷吃。

早上的工作結束，下午夫婦倆去小米園放鞭炮趕鳥。晚一點還到市區買端午節與妹曡生日的食材。

因山區偏僻沒有電腦網路，gugu 上午忙著到附近小鎮上電腦店家上傳資料給花蓮急需要的課堂同學。順路買菜、買蛋糕，然後回家。中午弄了中餐吃完之後，夫婦倆是下午兩、三點太陽不發威了的時候才去小米園放鞭炮。在小米園隔壁工作地的長輩親友笑著對夫妻倆說：鞭炮是沒有用的，還是要有人整天顧著…。

傍晚，雨越下越大，gugu 想說找找小米園地附近自然生長的南瓜都還太嫩，最後還是去阿嬤那裡拿了一粒大南瓜。晚上幫妹曡過生日，部落的小孩在一旁吃蛋糕，大人們吃著阿嬤準備的餐點，幾個來往的阿嬤都有來參加。巴力阿嬤的妹妹還煮了燒酒雞拿上來一起享用。而孩子的爸爸邀請他的朋友比勇一起來！雨開始越來越多，熱鬧與祝福也越來越多。

◆ 收穫季：期末考

gugu 的農耕作物豐收了。isdenza 家族的大孫女也出

生了。阿嬤養的雞也已經養大到可以貢獻餵飽她的家族。誕生與死亡不斷交替著，是大自然循環不變的規則，沒有任何人可以改變。而部落學校給孩子的收穫，除了是多認識了幾個大社會使用的國字以及較少使用在部落生活的生硬知識之外，就是習得大社會團體的規範。

一、收獲季

　　週末，因身體不太舒適的 gugu，沒有再跟著布袞回到部落收成小米，布袞只好請妹疊阿嬤以及她的鄰居沙尼阿嬤幫忙收成最後較慢成熟的小米。晚間的小米採收完工慶功晚餐，也請來了阿丙阿嬤一家人，因為阿丙阿嬤白天幫忙看顧沙尼阿嬤的孫子，工作才能這麼順利完成。席間，妹疊阿嬤開心的分享工作告一個段落，也語重心長的向布袞叮嚀：布袞要當爸爸了，以後都是孩子在身邊叫著爸爸媽媽，責任要變多了。布袞面對即將升格做爸爸的角色感到緊張：我也很緊張，怕孩子的成長會如何？有沒有聽話…。

　　接著阿嬤說了自己養的烏骨雞已經健康的長大了，到時候就可以給 gugu 坐月子補身體用了。當晚，大家的議題圍繞著不在場的 gugu 以及即將出生的女娃娃身上。由於大家都很開心，完工的慶功餐敘一直到深夜阿嬤們都酒醉了，才結束…。

　　這另一個週末，是一個人自己從花蓮回到部落的 gugu，

下午載著祖孫三人到市區買阿嬤的菜種子和肥料。阿嬤算算時間說，也順便該買小雞來養了。可是因為現在買養的小雞都是過年期間要用的，所以去小雞場的供應商家都已經缺貨。而阿嬤在車上一路聊天念著明天要到隔壁鄉鎮她的小姑那裏，去找人家幫忙用機器把小米粒脫殼。gugu 想說要用收成的豆跟阿嬤小姑交換她種給大家吃的芋頭。阿嬤帶著會心的微笑對正在開車往前方天空盤想的 gugu 說：妳怎麼知道要這樣交換菜？

阿嬤說今天她的小姑有來部落老家，去給過世滿一百天的親友拜拜，說明天會在她家等阿嬤去。而阿嬤是想著小米營養價值高趕快脫殼，未來是要給 gugu 坐月子食用的，而小米另一個品種糯米是要脫殼後，做成小米酒給親家即將出世的孫女慶祝用的。

從市區回到家裡，阿嬤在屋外忙著，gugu 和阿嬤的孫女姊妹三個人在客廳聊學校的事。孩子聽到雞寮裡的雞在咯咯不停的叫，gugu 要孩子去雞寮看：看雞是不是生蛋了？還是有蛇？孩子沒有去反而繼續玩自己的搬家家酒遊戲。不久是阿嬤去雞寮看看，小孩才跟過去在一旁看，是阿嬤在雞寮找到了一顆蛋，請小孩放好，準備收集好足夠的蛋數量拿去給人家孵蛋。

傍晚，下面鄰居沙尼未過門的媳婦上來跟阿嬤要一杯米酒喝，這是他們夫妻倆因為在北部工作不順遂，加上兩個孩

子的健康都不是很好，因此暫時回來部落找工作，但目前工作都不穩定；一會兒在路上種花，一會兒在垃圾場作環保工作，等下又失業，然後再找打零工…。但因為兩個大人都嗜酒，因而經常鬧口角，要不然就輪流到妹疊阿嬤家訴苦。

喝下米酒後的媳婦，又如往常開始對婆婆與先生待她的不是向阿嬤訴苦。不久她的婆婆沙尼阿嬤跟著上來到阿嬤家門口外嚷嚷：趕快回家照顧發燒中的兒子！

媳婦大聲回答說：我剛給他塞過屁股讓他好好休息吧！我只是上來要孩子妹疊下去買泡麵！我在等她回來！

她的婆婆不甘示弱：孩子自己顧，不要給我老人家那麼累…。說完就轉身離去。妹疊阿嬤勸著媳婦嘴巴閉起來不要回嘴！

媳婦回去後，附近鄰居都聽得到他們一家大小在爭吵的聲音。晚間，妹疊阿嬤洗過澡，在整理自己的身體舒適度後，在家屋前廣場坐著聽鄰居他們爭吵的內容，後來實在是因為爭吵的聲音越來越大聲，讓阿嬤很擔心無辜哭鬧的小孩，而趕緊下去勸架。

gugu 也在阿嬤家的廣場聽見阿嬤下去後協調的情況；沙尼兒子用布娃娃丟自己的母親並大聲喊叫：全部給我出去！

而婆媳各站在另一方，對著家中唯一的男人大聲吵著。妹疊阿嬤在進門要勸說後，為了制止他們而大聲吆喝：你們有一個人閉嘴就好了！空氣頓時鴉雀無聲，只見孩子在看大

人們的表情！剩下夫妻口角的小聲音，而沙尼阿嬤跟來勸架的妹疊阿嬤到屋外談了事情發生的原委，妹疊阿嬤看見一家人又像若無其事了回復正常，便回家了。

後來沙尼的媳婦又帶著女兒上來到妹疊阿嬤家哭訴，而再要了一杯阿嬤做菜用剩下的米酒喝。隨後婆婆也帶著媳婦的大兒子到妹疊阿嬤家的門口外，然後就不發一語的把孫子丟在一邊離去。而媳婦見此窘境，是大聲繼續哭訴埋怨。然而，她的兩個兒女姐弟早已跟妹疊阿嬤的兩個孫女玩在一起。

在鄰居媳婦尚未離去的期間，阿嬤的兩個較大年齡的姐姐，不時會在嬉鬧中欺負兩個小姐弟，也不時被阿嬤和 gugu 看穿伎倆而吆喝著兩個姊妹。後來媳婦的婆婆沙尼阿嬤打電話來問：孫子睡了沒有？媳婦便在旁藉機大聲嚷嚷：兒子（孫子）都寵壞了！而這個女兒就不喜歡，上次（兒子）還咬姊姊，阿嬤也不打，更沒有說一句話！

妹疊阿嬤對這一個沙尼阿嬤偏袒孫子已久的事實接著說：是啊！我跟姐姐說下次弟弟咬你的話，妳就打他的手或腳。因為他是比薩如（沙尼阿嬤先生的名字），是她先生的阿喇 [19]！

---

19 阿喇：是指布農族人的族名若是一模一樣的稱呼，互稱阿喇。例如，第一個孫子族名一定是跟著祖父（爺爺）來，有必須互相疼愛照顧的關係。即使不是家族血緣關係的同名，也有著相同的義務與責任。

媳婦接著說：她的花蓮阿嬤很寵她，可是在這邊卻被對待不好…。（女兒是和前夫所生的）

孩子繼續玩耍，媳婦依然在哭訴未婚夫家的不是，阿嬤大都時間也只是傾聽，偶而說說自己的想法。最後媳婦是由妹疊阿嬤祖孫三人在半推半就的情況下送回去！

妹疊阿嬤祖孫三人回到平常互動講話的客廳，阿嬤就用細竹子教訓家裡的兩個姊妹：剛才為什麼要欺負他們姐弟？拉虎先說：我沒有。

阿嬤說：有！我看到你踢姊姊和弟弟的腳。說完又再用竹條鞭了拉虎的小腿繼續：不行這樣亂欺負別人，妳不是喜歡到他家跟他們玩？還要欺負他們…。孩子學到教訓哭著回房間睡了。

時間再晚一點，阿嬤和 gugu 在客廳聊天，鄰居夫妻兩人又再起口角爭執…。

隔天一早，用過早餐，gugu 又載著阿嬤祖孫三個人到養蠶室那裏的土地，給已經長到膝蓋的玉米下肥料，gugu 和拉虎順便找專吃阿嬤農作的蝸牛帶回家。肥料灑完又載阿嬤到山上老家採收豆類，說是要給在隔壁鄉鎮 kanhcian 的女兒和小姑的。而 gugu 順便也採了一些豆準備帶回花蓮吃的。

回到家的阿嬤在屋外工寮煮湯麵，gugu 和小孩在一旁把尚未脫殼的小米粒和糯米粒分開，好準備帶去給別人家的機器處理脫殼。下午太陽懶惰發熱的時間，出發到 kanhcian

去，路上阿嬤買了補力康（補酒名）、檳榔，要請等下幫忙用機器脫殼的主人家吃喝。而飲料是要給她的小姑和小姑的兩個孫子喝的。

阿嬤她們先到了小姑家之後，便一起轉往借機器的主人家，真不巧的是主人家到山上去工作打獵了，要不是部落沒有人種小米，阿嬤和 gugu 也不必大老遠來找脫殼機器幫小米脫殼。還記得，去年阿嬤和 gugu 種的小米，也是送來這個有種小米的部落人家借用脫殼機幫小米脫殼的。

阿嬤一行人只好先到也住在附近的女兒家休息等待，並先把買來的補力康跟女兒和小姑一起喝完。兩個孫女在房間和其他的堂哥一起玩玩具。後來，先回家準備料理的小姑在煮完晚餐之後，忙著在他家屋前的芋頭園採收一些芋頭，要給自己的晚輩阿喇 gugu 帶回去。今天招待大嫂和阿喇的料理是昨天回老家祭拜而殺豬的燉豬腳湯，另一道是蝸牛炒辣椒。阿嬤還自行採了小姑種的生薑。後來是阿嬤女婿的姊姊，帶了兩瓶補力康過來。隨後阿嬤的親家公和續弦親家母也來了一起招待阿嬤，再來是部落村長的先生經過停下來和大家聊聊天。接著部落的婦女以及在外村擔任校長的部落人也參與打開話匣子。他們談話的內容都圍繞著阿嬤小姑的兒子和部落新進的兩個孫子，說是小姑的孫子被兒子送回部落阿嬤家來就學就養。說他們從小在外都市長大，喜歡上網咖不回家睡覺、不聽話…。婦女們七嘴八舌在想著各種對策應

戰這兩個都市回來的孩子。

　　而兩個孫女在學校期末考結束後，開始放暑假的期間，除了先上學校安排一兩週的暑期輔導之外，也參加了教會安排的夏令營活動。最後姊姊妹疊才送去屏東小姑姑那裏過暑假，由她來督促孩子的暑假作業。而妹妹拉虎跟著阿嬤在家陪伴。直到快開學了，孩子的作業完成了，拉虎也在陪伴阿嬤的山上中渡過豐富的暑假。

　　日子來到了中秋節，阿嬤嫁到附近的三女兒一家人來家裡過中秋。阿嬤殺了自己養的土雞做燒酒雞當招待，因為這是三女兒他們一家人最喜歡的食物。又烤了前一天在表姊（阿嬤先生的表姊）家買的自養山豬肉，是對方邀請阿嬤跟其他不認識的人一起分攤豬肉的錢，這是這幾年部落還有經常進行的交易模式，原因是部落自己養的豬隻較健康安全，而且分到的每一份豬肉份量還不少。阿嬤還烤了 gugu 帶她去買的秋刀魚。熱湯是山上採的山地豆加山豬肉的腸子。說起這個每年阿嬤都會種的山地豆，是阿嬤喜歡的食物之一，阿嬤通常都直接下豆水煮加生薑來喝，要不就是在有客人來訪的時候放下排骨、雞肉之類的肉類一起燉煮。早上 gugu 接送阿嬤去老家採豆時，就說是要準備給她姐姐和女兒的菜。

　　所以早上她和 gugu 在採豆聊天時，阿嬤就有說：豆採多一點要給我姐姐，她先前拿了很多的文旦來…。也要送一

些給鄰居沙尼阿嬤！。而 gugu 也採多一點的數量想帶回花蓮給先生布袞吃，順便送給因為巴力阿公醫療的需要已經搬到花蓮親戚家的巴力阿嬤。

在採豆過程中，gugu 向阿嬤討教幾個豆類艱深的母語拼音要怎麼發音。一來一往間，阿嬤想到現在部落年輕人已經變質的感慨，並談及保持傳統生活的重要性：要教育（自己的）子女不要懶惰，人家會嘲笑。又沒有吃飽，沒有東西吃。後來阿嬤一邊採豆又有點抱怨起了懶惰的鄰居：我有請沙尼自己來採我的豆，她不要！一定要我採拿給她。她不知道採豆很辛苦，要搬很重。懶惰（像斥喝著別人的聲音）！

gugu 要阿嬤別再讓她依賴：那就不要再一直送東西和菜給她們嘛！都已經習慣依賴你一定會拿給她們東西吃。

阿嬤又是心疼：沒關係啦，鄰居阿！她們什麼菜都沒有種…。送回阿嬤回家之後，gugu 又去山上布袞的工作地那裏！他已經把玉米種的差不多了。

傍晚，來家裡作客的三女兒也拿了一些先生獵到的山肉給妹疊阿嬤，阿嬤還處理了要生吃的山羌肝臟給同時來訪的客人阿怒。布袞在一旁生吃了兩塊，問肚子已經像籃球一樣大的妻子要不要吃？妻子感謝而婉拒了。後來三女婿跟著阿怒去他家坐坐，阿嬤還讓阿怒帶回去一些她種的菜。也因此三女兒可以和阿嬤及布袞夫妻多一點時間一起聊天。孩子們大大小小玩到晚上七、八點，因為女婿出門去作客回來後又

跟布衰一起繼續聊天，阿嬤的兒子晚上下班回來也一起參與加入，另外還有兒子的客人達虎的陪伴。一直到很晚才陸續都離開阿嬤家。

二、澤披部落的跨宗教信仰：阿嬤們的嘀咕

晚上和阿嬤在看電視原民台。gugu 問阿嬤為什麼現在的部落年輕人那麼多問題。阿嬤的睫毛閃了幾下：因為他們都看電視學習外面不好的東西…。妳有機會告訴別人，一定要這樣告訴他們不能忘記祖先的話、祖先的工作，還有祖先的禁忌…。gugu 認為那是一件那麼困難的事情而繼續看電視而不語了。

過了幾天，阿嬤電話給已經回程在花蓮的 gugu 的耳朵：剛買養的兩隻小雞倒下去了，可能還太小不適應環境…。

了解阿嬤會因此內疚自責，gugu 安慰著：沒關係！總有這樣的事情發生。阿嬤寬心許多了：我想跟你說，怕你會找牠們…。gugu 真的能同理養雞多年阿嬤的心情，養雞若有小雞死掉了就會自責自己是否犯了甚麼錯：沒關係！不要難過。

阿嬤聽完小雞的主人 gugu 的安慰後而轉變有了興奮的聲音：今天去老人日托班，然後下午我第一次要煮你收成的小米，沙尼有來想要吃，可是迷信（禁忌），因為新收成的

小米飯不能給外人吃，會變很窮沒有飯吃…。gugu 很開心阿嬤吃到自己種的小米，並且感到幸福。

近來阿嬤常電話關心肚子已經大到不舒服的 gugu：我的藏酒被人家偷了。你有沒有看到？我非常難過。

gugu 疑惑的問阿嬤：你放在哪裡？長甚麼樣子？我都沒看過！

阿嬤接著說：我想說是二女兒給我的，我放了很久，今年過年就可以喝了…我想我要去 masihal（找巫師研判）看看。

gugu 認為事關阿嬤的心情：好阿！你去看看是誰偷的，順便跟巫師說處罰那個小偷弄心理不得安寧好了。

阿嬤不語一會兒又繼續說：沙尼的媳婦又丟下孩子回娘家了，她（沙尼）哭著跟我說孩子怎麼辦？還在生病…。

gugu 總是聽到阿嬤為別人家的事擔憂而打斷阿嬤：不要操心她們的事了啦！

阿嬤不苟同說：孩子很可憐阿！還有，我很生氣下午我打給將（外孫）說叫他要去請他們旁邊家沒有電話的阿嬤（阿嬤的小姑）說記得拿芋頭給桃源的阿嬤（表姊），告訴之後要再回電話給阿嬤知道情況，他答應說好好好，結果我一直等都沒有來電話，我又再打電話叫女兒來聽，結果都沒有回應，沒有禮貌，真是氣死我了。

gugu 要阿嬤不要生氣安撫著：可能已經傳達了！

阿嬤害怕的是：我沒有講好的話，桃源的表姊會說我沒有信用⋯。

　　gugu 有點無奈的要阿嬤寬心：好啦！她們會了解你的。

　　隔一天的下午，gugu 關心阿嬤的心情而撥電話給阿嬤，阿嬤說：真的！我的酒被他偷了！巫師說茅草上（巫師做法用來觀察真相的植物）出現的影像是自家人，而且是男性年輕人，他已把酒拿到外面喝！

　　gugu 鬆了一口氣害怕阿嬤認為是她拿的：我就猜是他嘛！

　　阿嬤繼續說並回憶起中秋節前後：難怪那天他回去的時候，我看到他摩托車上有一個圓圓用報紙及黑色袋子裝的東西，我沒有仔細看，原來是我的酒，那是我準備放了很久的酒⋯。

　　gugu 只能安慰阿嬤：沒辦法！現在拿不回來了。

　　阿嬤也無奈：也只能算了！又不能直接說，只要知道是他拿的就好，真的是⋯。

　　gugu 想再問阿嬤清楚：那你是怎麼去找巫師的？

　　阿嬤把事情的原委輸出：我跟沙尼一起分擔計程車的錢來回，他也給孫子老二看看（巫師／醫）。

　　gugu 很關心那個一直生病不討人愛的弟弟：那巫師怎麼說？

　　阿嬤沉重的說：現在是情況越來越不好！一定要趕快

治療…昨天晚上沙尼的兒子去玉里請孩子的母親回去看看孩子，可是她（媳婦）說你們都不關心我的女兒，只關心兒子，那這個女兒是我的，兩個兒子姓妳們的；你們拿去照顧。

阿嬤繼續沙尼向她抱怨的內容：沙尼跟媳婦說，不是都是你的孩子嗎？今天他們夫妻倆又去垃圾場工作了。

gugu 認為已經聽完重點而想轉移話題繼續問阿嬤的生活：那個小雞怎麼樣了？

阿嬤放低聲音：我一直想找時間跟你說，陸續倒了幾隻…。她想到上次養雞的經驗，是雞買回來之後，叫孫女拉虎過來請她先用她的手把小雞放進他們的新家籠子裡，說是可以增進小雞生存的運氣，這次沒有比照上次請孫女把小雞請進新家的動作…。

gugu 擔心的問：剩下幾隻？

阿嬤不確定：好像十四隻（原來是 20 隻），我沒算好，我想說你下次回來可以再補幾隻嗎？飼料那麼多…。我今天一早還要去整理地瓜園就回來，明天休息不能工作，要上老人日托班。

gugu 不確定雞源是否充足：我看看還有沒有小雞可以買。

阿嬤深怕自己是害小雞死亡的原因，便試探問：我想說，你們當時買雞回來後，布衾有沒有偷喝酒？因為買雞回

家之前不能偷嚐酒，會養的不好。

gugu 也不確定先生是否有偷喝：沒有吧！電話在互相問暖中休息了！

gugu 靜下心來思考了一會兒阿嬤剛才分享的事時，阿嬤稍後又打電話來操心：我跟你說，拉虎這個孩子真的讓我頭痛，我剛才跟他說不要在椅子上跑跑跳跳，我聽到雞寮那邊很吵就出去看看，原來是烏骨雞生蛋，結果就又聽到拉虎在哭的聲音，我問了他們姊妹說，從椅子上摔下來，椅子斷了一腳。

gugu 擔心：有沒有受傷？

阿嬤生氣又難過總是給阿嬤操心出事的拉虎：我想說這個孩子一直讓家裡很窮，跟她們的媽媽一樣，這套桌椅是你兩年前買送的家具，不知道斷的那一隻還可不可以修，下次叫布衰回來看看修理。

gugu 安慰阿嬤：沒有受傷就好！但是你一定要再馬上跟拉虎教育，她們的爸爸回來也一定要告知他！

阿嬤像是洩了氣的氣球：好！我會跟她說，她現在還在哭，可是我難過的是椅子不能用了。

阿嬤非常在意家裏每一樣東西物品的壽命。

gugu 要阿嬤別放在放心上：沒關係！晚點我再打電話給她說說看。

阿嬤灰了心：你再打給她！我不想說了…。電話掛了！

gugu 隨即打電話給上班的<u>布衮</u>；告訴關於巫師的力量，並問他那幾天有無喝酒？<u>布衮無辜的說沒有</u>，倒是同時提醒了夫妻倆；有買紅酒送大阿姨喝，不知道算不算？

一如平常，阿嬤關心的電話一直來：我想說妳若是要補買小雞的時候，一定要買大一點的，因為之前養的那一批小雞都已經長高了，若買太小牠們會被踩！

gugu 理解了：我會找看看！

阿嬤一直擔心 gugu 的肚子：因為妳第一胎要生不知道很多！如果有一點肚子痛都要去給醫生看。

gugu 感到幸福：好！我知道了！

已經幾個禮拜沒有回去部落的上午。阿嬤又打電話來，gugu 沒接到立即回撥電話是孫女妹疊姐姐接的：今天是國慶假日休息。換阿嬤接：我打電話給妳沒有接妳在幹嘛？

gugu 要她別太擔心：沒有聽到電話聲音！

阿嬤接著：我一早去地瓜那裏拔草，然後拿一些地瓜回來。明天二女兒一家人要回來參加她夫家姪兒的婚禮，順便回娘家，問我說有沒有吃的？我說有啊！可是我不想拿烏骨雞給她，想說那個雞比較營養要留給你到時候吃。

gugu 覺得沒關係：那就給她一隻鵝好了。

阿嬤：那就剩下一隻鵝了過年再殺。

gugu 理解有時兩個人比一個人幸福：是阿！牠（鵝）一個人很孤單。

阿嬤安慰著：沒關係啦！以後再養，鵝也快老了！

gugu 有點不捨每次回去部落會看到的鵝：那妳決定就好。

阿嬤像是得到允許的主人作主了：那就給她鵝，然後再加倍阿浪有殺的羊肉。我有收好在冷凍庫，到時給妳換換菜色，不用一直吃雞肉！gugu 應了一聲：哦！

阿嬤像是在報告主人：我把小雞牠們分開了！鵝跟烏骨雞在一起！新養的雞放在鵝那邊，剩下最小的六隻還在籠子裡需要溫暖！

gugu：會不會太快拿出來了？沒有燈會很冷！

阿嬤：不會啦！我凌晨一點多有去看牠們縮在一起！昨天、今天天氣都很熱，而且十多號牠們就已經一個多月了。

gugu 有點擔心小雞受不了寒風：那還是要放一點木板遮風。

阿嬤：有啊！我用袋子和鐵絲圍起來。

gugu 關心孩子：小孩子今天放假在幹嘛？

阿嬤側頭看了在客廳的兩個孫女：她們在看電視！玩扮家家酒！國慶日休息，我們一直看電視的表演！妳問布袞的舅舅看看可不可以先砍掉（阿嬤家的）龍眼樹，兒子阿浪說請工人用！

gugu：我下個禮拜回去，會先問布袞看看再問他舅舅！

阿嬤叮嚀：妳要打給我喔！掰！

　　回到部落，清早就會上山去幫忙家裡農事的<u>布袞</u>夫妻吃過早餐之後，才一起再轉往另一塊祖先的土地準備除草。山上工作完畢後，gugu 選擇到阿嬤家幫忙她要給自己帶回去花蓮而殺的烏骨雞。後來接到阿嬤姊姊打來要來看看孩子的電話。阿嬤想說趁等待的空檔要 gugu 先載她下去街上的郵局領孩子的生活費，並買一些家用品。

　　離開家門經過<u>沙尼阿嬤</u>家，請她轉知可能等下會先到家的阿嬤姊姊請等候一下，而<u>沙尼阿嬤</u>也順便請阿嬤幫她買日用品。再回到<u>妹曡阿嬤</u>家時，阿嬤的姊姊已先在<u>沙尼阿嬤</u>家等待，gugu 幫阿嬤把東西抬回客廳後就下去請阿嬤姐姐上來。<u>沙尼阿嬤</u>也跟著來妹曡阿嬤家要拿剛才拜託買的東西後又折回家。因為她家還有基督教醫院來的復健人員，在給兩個孫子做早期療育，說是她在衛生所的親戚介紹來篩檢介入的。

　　三兒子的孩子老大<u>比薩如</u>，說是兒子和同居女友時生下來的，讓大人的經濟是陷入困境，只好送回部落給<u>沙尼阿嬤</u>養，但因為日夜不分的在家裡或部落空間玩耍移動，被認為似乎有些過動的傾向。而老二的出生是孩子的媽媽在懷孕四、五個月時，說是吃藥要拿掉胎兒而造成今天孩子生下後有很多的副作用；不會說話、不會走路，還體弱多病而延伸發展遲緩的後果。但是，在<u>妹曡阿嬤</u>看來，老二是患了以前布農族解釋的病症：猴子病；身體一直瘦小長不大，又流口

水，體內有很多不好的東西，長的像一隻猴子一樣。而這個病症必須用猴子的頭骨給孩子舉行驅猴病的儀式。

妹疊阿嬤好心好意跟沙尼阿嬤提醒過好幾次布農族的解決之道，但是因為沙尼是信仰基督教而不理會，甚至沙尼阿嬤另一個信仰基督教的親戚，也斥喝著沙尼阿嬤不要舉行驅猴病的儀式，只要禱告就好。後來經醫院評估孩子身體狀況每下愈況的情形後，沙尼阿嬤才要妹疊阿嬤偷偷的到她家幫老二孫子舉行驅猴病，這是妹疊阿嬤繼小時候看過當巫師的阿公替人治病後，第一次自己幫人治這種病。聽阿嬤說孩子的精神狀況一度有好一點，但是因為驅猴病的儀式要持續一直做，才有效，但沙尼阿嬤認為有做一次就好了而嫌麻煩，或許是害怕被部落其他基督徒發現吧。

早療團隊離開後，沙尼阿嬤才帶兩個孩子上來阿嬤家，準備要妹疊阿嬤兩個姊妹陪她喝個痛快。於是她又回家拿米酒，然後掏出錢來要 gugu 在幫忙修阿嬤家飲水機的布袞去買補力康，因為妹疊阿嬤姊妹倆不喝米酒。酒過三巡之後，沙尼阿嬤又下去自己家的廚房拿了兩隻山鼠來煮湯配酒。妹疊阿嬤也趁沙尼回去的時間又跟姊姊透露：因為她酒醉了，就會把東西拿出來分享，要是沒有酒醉她根本都不會出來東西…。

席間不喝酒的 gugu 在一旁看顧總是停不下來玩耍擾亂的比薩如，讓她們三個老婦女可以盡情喝酒聊天。而 gugu

聽到的盡是阿嬤們如何照顧孫子女的情形；沙尼照顧的大孫子因為好動、亂跑，一會兒用手扒飯、讓手在湯裡面玩，等下又亂拿阿嬤們的杯子，沙尼阿嬤還讓孫子喝她的酒。在大人面前沒有規範的行為，沙尼阿嬤似乎不以為意，逕自快樂的喝自己的酒，因為她知道有人會照顧孫子。這幾年沙尼阿嬤花很多的金錢在喝酒上面，是心情不好？還是無所事事打發時間？有時把孩子丟給妹疊阿嬤說出去辦事情，通常就在外面喝酒後才回來。

席間，不時聽到阿嬤們吆喝與處罰孩子的聲音。還病著的老二孫子在妹疊阿嬤的懷中被餵飯，不時聽到三個阿嬤在惋惜搖頭：兩個孩子怎麼都這樣？做孩子做成這樣？

言酒把歡的時間很快就來到下午，阿嬤孫女拉虎也放學回到家了，不過一會兒又跑出去玩。

沒有多久的時間，拉虎從外面玩耍回來，也帶了兩個背著書包的同學回家；阿嬤看了一眼三個小同學的模樣，然後對著迎接她們回來的 gugu：拉虎又帶她的同學來了，家裡的東西又要全部吃完。

gugu 了解阿嬤擔心給孫子的食物有限：沒關係，有人陪她表示她有很多好朋友，總比她若很自私人家不喜歡跟她玩。

阿嬤也了解人際關係的重要性：是沒關係啦，可是我買的東西要給姊妹吃的全部都吃完，就沒有了。這個孩子實

在太好客，跟她的爸爸和阿公一樣，要是（我）有錢還可以阿⋯。

三、進倉祭

上午夫妻倆去市集買了豬頭及準備進倉祭祭祀用的東西，回到家 gugu 就開始煎魚、煮豬頭⋯。

祭典在儲存小米的布袞家的雞寮舉行。這次拜拜祭祀的理由除了是感謝小米的豐收，也祈求祖先能為 gugu 不久就要生產的日子求平安。拜拜祭祀由布袞招呼祖先前來，妻子在一旁除了倒酒，也不時感謝祖先的庇佑。結束後，gugu 烤了布袞外婆拿來的地瓜，祭祀的食物在分享與感恩當中陸續跟來訪的人家食用。

後來，布袞去舅舅家借電鋸，夫妻倆再一起去阿嬤家砍下龍眼樹。阿嬤說：已經跟龍眼樹拜拜過了！也跟當初種下樹的老伴說要砍掉家屋旁的龍眼樹了⋯。

布袞爬上龍眼大樹的枝幹，站穩固定腳步，開始先砍下細樹枝。站在樹下旁的 gugu 同時間的記憶在龍眼樹下不斷的被召喚出來；小時候和朋友一起在龍眼樹上吃龍眼的情景；還有常在龍眼樹下盪鞦韆的嬉笑聲；在龍眼樹下乘涼睡午覺、烤肉聊天唱歌的回憶歷歷在眼前⋯。

後來 gugu 的婆婆也來看一下布袞的工作，阿嬤拿補力康酒招待親家。大樹幹大致上砍完了。在休息片刻時，阿嬤

拿了一杯補力康放在電鋸旁邊並提醒<u>布袞</u>：先給電鋸喝因為是它砍的！在旁意會的妻子 gugu 怕不熟悉布農族傳統習俗的先生沒有聽到，隨即對<u>布袞</u>追加聲音：是電鋸割的，先給它喝感謝它。

傍晚，已經寫完功課的<u>拉虎</u>跟朋友在一旁玩耍。而姐姐一邊寫作業一邊給 gugu 檢查。

隔天，太陽已經高升，八點鐘。夫妻倆才去替樹豆園砍草，去年樹豆的價錢賣到一斤一百八十元，今年部落的人也都跟進種植，gugu 嘗試第一次種了一分地的樹豆，是要給家裡加菜用的。割草機咯咯咯的聲音在環山中迴響，似乎在告知祖先，後代子孫有認真在土地上活動。

在另一旁觀察玉米園生長的 gugu，也不時試著跟祖先的土地親近，畢竟這是嫁過來第一次使用祖先留存下來的土地，總是有一點不安，深怕將沒有能力戰勝土地的靈魂而有好的收成。整理完樹豆園，又去部落的公共造產旁的另外一塊地砍草，是婆婆種植的樹豆園。但由於割草機一直熄火無法順利割草的工作，gugu 偷偷小聲問不熟傳統習俗的<u>布袞</u>：你是不是一開始工作的時候，沒有跟祖先打個招呼請吃檳榔？<u>布袞</u>沒有說話。兩人就只好在割草機不配合的情況下，放棄砍草的工作，先轉換到阿嬤家繼續砍前一天未細部整理砍完的龍眼樹。

阿嬤很高興夫妻倆來幫忙了，讓阿嬤加快準備午餐的節

奏。他的兒子放假在家休息。龍眼樹全部都鋸下來整理完畢了。接下來就是按照阿嬤的計畫蓋新的鐵皮屋工寮在龍眼樹原來的位置下。因為就是為了蓋鐵皮屋才舉行祭祀要砍樹的儀式。用完中餐，布衷的媽媽要他晚點去樹豆園把之前砍好已經曬乾的相思樹載回家。

四、gugu 的鄰近同學

又是新的一天，阿嬤上午八點多打電話來問 gugu 的身體狀況，也分享她最近生活經濟的困頓，和對兒子及孫女的煩惱；妹曇要去台北學校交流的零用錢、她的老人津貼用在買瓦斯、地價稅及老人日托班到花蓮旅遊等的生活費用。又提到孫女拉虎要求獨立分房睡了。再談到有一隻大條的雨傘節，在半夜進入家屋內；她凌晨起床時正巧發現，這是今年第三條闖入屋內的蛇。她還害怕因為蛇有點大隻，無法一個人應付，所以有點擔心，但是，阿嬤說她用最嚴謹的態度從屋外拿了竹掃把，用力把牠打死了。這隻原本要進入拉虎分房獨立睡的、是平常爸爸睡的房間。還好被阿嬤及時發現，要不然後果不堪設想。阿嬤一直解釋蛇是魔鬼的化身：想讓一家人出事。但是她也認為自己的運氣很好，祖先天神要他半夜起床發現這隻可能會造成傷亡的蛇。畢竟，從前三女兒學生階段時被眼鏡蛇咬過的經驗，總讓她想起而不寒而慄。

電話中隨後，gugu 原住民的同學鄔灑絲來電插撥，gugu

再回電話給她，因為這幾天她在為教師甄試與論文的事情感到厭煩，總會打電話給 gugu，希望能得到 gugu 更多的建議。她跟 gugu 說不去台北參加代課老師的甄試了，但教具在凌晨三、四點已經做完，而教案尚未完成。想到上台北去報名，以及來回的車資等經濟考量因素，她就放棄了。gugu 建議她既然放棄了，就先好好休息，之後，再好好把論文的事準備。鄔灝絲這些年為了家庭的經濟奔波，又為自己的理想繼續升學，弄得自己也是身心俱疲，還得不到家人的諒解，認為她也應該要放棄學業去賺錢供妹妹念書，並且照顧家裡的開銷。而她說身為公教人員的姊姊夫婦也對娘家事務無能為力⋯。gugu 認為這跟鄔灝絲的姐姐嫁給平地人先生有關；因為過去至今的經驗，不論是部落的結論，還是 gugu 身邊的經驗，都一致認為要是女兒嫁給平地人之後，幾乎都不會再回娘家看看幫忙了，就像斷了線的風箏一樣，很難再尋覓得回來。不過 gugu 倒是發現這幾年來原住民議題抬頭，回到部落要原住民福利的白浪原住民媳婦增多了。

五、誕生與死亡

　　因先生疾病而搬遷來花蓮寄住親友家就近醫院往返的阿丙阿嬤，近來常打電話關心 gugu 的身體狀況，gugu 要她放心，肚子一有狀況一定第一個打給她。事隔半個月後，gugu 已經帶著 isdenza 的長孫女出院回部落了。在婆家睡一晚之

後，布袞就送母女倆到妹疊阿嬤家給阿嬤照顧。莎比傍晚五點上來找兩個姐姐玩，阿嬤說：還沒有放學回來。

莎比跟妹疊阿嬤說明來意：我媽媽去台東！阿嬤意會要照顧別人家的孩子：在這邊等媽媽沒關係，可是姐姐還沒回來，你先一個人自己玩。莎比就先在阿嬤家的馬路上玩。後來兩個姐姐放學回來，阿嬤請她們問候 gugu：我回來了。gugu 擔心莎比一個人玩會亂跑就問兩個姐妹：有沒有看到莎比？

兩個姊姊異口同聲：有！

gugu 要求姊妹：去叫她來我們家玩，在這裡等她媽媽，她媽媽去市區還沒有回來。

兩個姐妹出去找她上來家裡並和她一起玩，後來妹疊先去洗澡，拉虎繼續陪莎比玩，而阿嬤焦急的連續叫拉虎幾次先去洗澡，因為怕等下要去上課後輔導來不及向在外面玩牌的兩個孩子說：阿嬤有在，沒關係。但是她們繼續玩，後來阿嬤再叫了好幾次：拉虎先去洗澡，沒關係，阿嬤有在陪莎比。

拉虎不從：可是我想跟她玩啊！我回來再洗啊！並繼續數著手中的牌子！

阿嬤要生氣了：唉哼！

過了一會兒，阿嬤接著說：莎比！妳先回去看一下媽媽回來了沒有？這麼晚了。

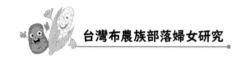

莎比也不想放下手上的牌子而敷衍回答阿嬤：媽媽很晚才會回來。

早上孃薇就被沙尼阿嬤帶來妹疊阿嬤家裡放著，要她在那裏等老師來接，因為她要先出門給小的孫子打預防針。妹疊阿嬤在廚房忙著並不時跟在廣場前走走跑跑的孃薇：坐好，等老師。她先是坐著跟狗對話，後來就跟伊布阿嬤說：我想要大便！

伊布阿嬤在洗碗：自己去啊！

孃薇小聲說：給我衛生紙。阿嬤去拿衛生紙給她。後來她自己在家屋廣場一個人玩。阿嬤不時提醒：到路上看老師來了嗎？

後來她跟阿嬤說：有沒有葡萄？

阿嬤聽不太懂：啊？吃甚麼？阿嬤沒有買泡泡糖。

孃薇：有沒有葡萄？

阿嬤聽懂了發音：阿嬤沒有買葡萄。老師接走她了，阿嬤才輕鬆許多。

昨晚被放在阿嬤家的龍，因為媽媽要去隔壁部落上生活美學的課程不方便帶著，只帶著大的女兒莎比去上課。原本阿嬤在電話中遲疑著有無時間幫忙照顧，因為家裡有 gugu 的新生兒。gugu 聽到電話的內容，就追著跟阿嬤應和：沒關係，放在這裡，我要照顧。

晚間九點多，龍的媽媽回來接他，尚未睡著的龍開心的

看到媽媽回來了。而這其間都是阿嬤的兩個孫女在陪他玩。這幾年，阿嬤除了照顧自己的外／孫子女之外，也常在家幫著部落別人家婦女的義務看顧小孩。近來，龍是阿嬤照顧的常客之一，通常 gugu 夫婦倆若是在家，也就順理成章替阿嬤一起分擔照顧別人家的孩子。

隔天一早，龍的媽媽來送豬腎給身體尚在復原的 gugu 進補，順便謝謝阿嬤前一晚的照顧。近午，gugu 看到阿嬤把她在菜園裡長得茂盛的芥菜給收割了，因為即將準備在曬過後就要做成醃鹹菜。沙尼阿嬤帶著孫子比薩如來找阿嬤聊天，她離開後，比薩如繼續留著，忙著的阿嬤要他先回他的家，後來沙尼阿嬤又上來要拉虎下去幫忙買東西，沙尼阿嬤說，她未過門的媳婦，因為被兒子打而逃跑不知去向，孩子沒人照顧，兒子鬱悶沒有工作又去喝酒了。

當晚，沙尼阿嬤的兒子在喝過酒後，就自己喝了農藥年年春自殺，然後自己又走來家裡找妹疊阿嬤求救後，隨即躺在阿嬤家門口前。在屋裡休息的 gugu 確認了他真的喝下了農藥、也快速評估了他的意識，立刻先打電話叫救護車。而妹疊阿嬤趕緊下去叫沙尼阿嬤。

救護車來到部落總是引來不少圍觀村民，經家屬決定後送到市區的馬偕醫院。妹疊阿嬤也跟著去，是因為沙尼阿嬤要求妹疊阿嬤照顧被帶著上救護車的兩個小孩。第一時間，大家手忙腳亂，妹疊阿嬤的兩個孫女也幫忙照顧沙尼的另外

兩個孫子，氣氛讓沙尼阿嬤似乎像一個乞丐一樣，不停的要求大家施捨幫忙。

部落關心而圍觀的群眾陸續離開之後，兩個孫女和 gugu 及其新生兒在家等待妹疊阿嬤，泥娃來家裡關心兩個小孩跟在照顧新生兒的 gugu 說：如果有事情，下去找我。

妹疊阿嬤很晚才回到家。

隔天接近午餐時間，沙尼阿嬤自殺的兒子在經過醫院急救洗胃治療之後，因為沒有錢住院只好來回醫院治療，他回來後的第一時間上來向妹疊阿嬤及 gugu 兩人為昨夜自殺驚嚇了他們的事情感到抱歉。妹疊阿嬤說要他好好養身體，想一想孩子還那麼小，不該丟下他們做這樣的事⋯。gugu 要他別想太多，先把身體治療好⋯。

上午阿嬤把 gugu 休養身體的食物在料理收拾之後，就又開始忙著她的工作。她今天在昨天收成醃芥菜後的空地上，種下新的菜苗茼蒿，種完了。她又張羅好產婦 gugu 的午餐，偶而也看顧新生兒的狀態。後來妹疊阿嬤下午搭公車下山到街上，要領老人津貼，說是要還給前幾天向打獵人家買山肉的錢。她從街上回來時也買了奶酥麵包給 gugu 當點心。gugu 和新生兒兩人在家時，外面突然下大雨，gugu 托著尚未復原好而疼痛的肚子出去把正在日曬的酸菜用布蓋起來，然後把曬在衣架上的衣服收起來。近傍晚，阿嬤的姐姐帶著雞肉和蔬菜來看 gugu 母女倆。妹疊阿嬤煮了吳郭魚湯

招待她姐姐的到來，沙尼阿嬤如往常般聞香來到妹曡阿嬤家分一杯羹湯。阿嬤的姐姐回去了，gugu 抱新生兒回房裡休息，其間聽到部落開雜貨店的年輕老闆送來一隻雞給阿嬤，說是要給 gugu 坐月子用的。阿嬤在推辭當中接下並謝謝他的關心。

吃過晚餐之後，阿嬤帶兩個孫女下山去街上看病。回頭阿嬤帶回兩個孫女回家後，就和 gugu 聊了一下剛在診所看病的情形，說大的姐姐得了水痘，有傳染性…。隨後，大家就各自休息。

而這幾天在外因病逝世的將的遺體運回部落老家了，就在阿嬤家附近。一時之間，妹曡阿嬤覺得會傳染生病給新生兒，且附近鄰居家喪事不太適合讓 gugu 待在家裡照顧新生兒，在電話和布衰溝通後，決定隔天一早接回 gugu 母女到婆家休息。

上午 gugu 請阿嬤來婆家看看新生兒狀況。因為知道阿嬤膝蓋不好，gugu 先是請小叔到阿嬤工作的地方，跟阿嬤說要戴她回家。阿嬤說要先送地瓜及摘好當晚餐吃的豆類載回家，然後阿嬤自己走路去找 gugu。阿嬤看見 gugu 一個人在家照顧自己，又 gugu 反應說奶水不足，阿嬤就用很快的時間煮了味噌雞蛋湯。忙完一餐點心，後來 gugu 又請小叔送阿嬤回家。而阿嬤的姐姐又去阿嬤家裡送了兩隻雞要給 gugu，下午 gugu 說想吃地瓜就請阿嬤先烤好，再請人送過

來夫家。本來要請龍媽媽送過來，但因為今天她不在家。最後是布袞的叔叔 dama 阿浪送過來。阿嬤烤完地瓜後再打電話給 gugu，說她下山去街上買大鍋子、鐵盆，因為今天要試做小米酒。

今日已經被小叔送回花蓮休養的 gugu 母女兩人，打電話回去給阿嬤，阿嬤說她剛從山下街上的診所再給妹疊看水痘的情形。同樣關心兩個姐妹的 gugu 問阿嬤：拉虎呢？

阿嬤說：她要去山下的天主堂神父那裡上主日學，因為準備下週要 tauslingan（受洗）。

gugu 更關心阿嬤的生活及心情：妳做好小米酒了嗎？

阿嬤小聲說：還沒有！下午…因為我昨天一個下午都在用酸菜…我下午再做。我沒有去將的出殯，因為小孩子在生病，而且人家都說，很少人會去幫忙，因為他們都不住部落的家…。沙尼跟她兒子吵架，又來找我…。

gugu 總是關心部落的大小事：今天將出殯喔？

阿嬤說：對！今天出殯。明天阿丙阿嬤要回去了，她回來要祭拜同學將。會帶生薑給您還有小魚乾，您還有菜嗎？

gugu 不想讓阿嬤擔心：有。

阿嬤關心著：那沒關係，你還會回來，回來再弄給你。妹妹（新生兒）有沒有哭？

gugu 要阿嬤放心，自己會照顧好女兒：沒有！

阿嬤又是叮嚀：天氣很冷，窗戶門要關好。

gugu 像部隊報告長官有服從命令那樣有力：有！

阿嬤繼續關心著新生兒：妹妹的大便很好嗎？

gugu：很好。

阿嬤最後還是心疼作為一個女人的身體：要保養身體！

另一個布袞的放假日，送回暫時躲避水痘環境的妻女再回到部落。阿嬤正抱著女嬰逗弄她、跟她說話，嬰兒直打噴嚏，阿嬤兩手抱看著手上的女嬰接著說：唉唷！把不好的、壞的從你身上吹走。

事前，gugu 跟阿嬤的三女兒約好幫阿嬤生日當天慶生，後來三女兒打電話來跟媽媽商量說要提前一天幫她慶生，並跟 gugu 協調好了。既然阿嬤答應了，布袞夫妻倆就去買慶生用的飲料，順便買阿嬤要裝小米酒用的桶子兩個，還買了紅酒、汽水、紅茶及綠茶。重要的是買十瓶三十元保特瓶的米酒，要做燒酒雞用的。晚上三女兒除了她的大兒子要補習之外，全家人都來幫阿嬤慶生，再加上布袞夫妻兩人與孫女妹疊，而拉虎不知道輕重，選擇堅持去上輔導課。當然，還不忘邀請沙尼阿嬤和她家的孫子。對於沙尼兒子自殺的原因，沙尼阿嬤事後自己歸納出幾個結論：老婆跑了、又沒有工作、心情不好、又養雞（沒有錢買飼料）…。

阿嬤在 gugu 關心小米酒的製作情況時，談了她第二次釀小米酒製作的情形；由於前一天要布袞去山上拿的姑婆芋葉子太小，所以又再叫夫妻倆去山邊拿姑婆芋大片的葉子給

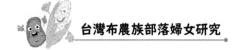

她。她娓娓道來：一早去買做小米酒的（發酵用的）打母兒。然後繳水費、買東西。回來就開始蒸煮已泡好幾個小時的小米糯米。後來他覺得熟的速度太慢，於是打電話給老人日托班的大姐。對方問到阿嬤：是不是煮到 hasing（小米飯）。阿嬤很清楚：應該不是。所以就在電鍋煮了一點小米糯米，看到底是不是小米糯米還是煮錯煮到 hasing（小米飯）。下午阿嬤又為了明天要回來參加夫家部落喜事，而順道要回娘家的二女兒一家人，去山上挖地瓜、採不拉法兒（類皇帝豆）準備迎接。

隔幾個早晨後的上午，阿嬤約九點就從房間窗戶外面呼叫一個人在房屋內照顧新生兒的 gugu 開門。說她一早去老家山上採收不拉法兒（豆類），要給即將回來參加女嬰滿月的大女兒帶回去西部的。還說路上看到布袞外婆也提了一大袋不拉法兒從山上回來。阿嬤看看她的孩子們都無恙，又是叮嚀 gugu 一些照顧嬰兒的事項，然後與 gugu 談談滿月當天邀請親朋好友來家裡給女嬰祝福的事情及交代重點。說完要張羅好的事情之後，阿嬤這才去隔壁村的教會掃地、擦油漆整理教堂，因為聖誕節即將到來。

滿月酒前夕，太陽正要發出溫暖的照射時，和婆婆去附近鎮上訂滿月酒的 gugu，順便也到火車站拿了要回來參加嬰兒滿月的阿嬤大女兒交代先買回程的車票。還順便去網路咖啡店接收了 gugu 學校可能會寄來的電子信件（gugu 一直沒

有多餘的經濟可以在部落的家多買一台電腦及網路）。

回家之前，gugu 婆婆直接到山上找他的先生；叔叔 [20]。在山路上看到叔叔和部落兄姐拉虎、及布衰嬤嬤，還有前社區協會理事長，在山路邊喝啤酒和補力康。大家談論著農作物的情形。也順便逗弄著 gugu 正在睡眠的新生兒，給了小生命許多的祝福與期許。最後，gugu 同輩的拉虎姐姐拿了一千元紅包給新生兒伊布。布衰的嬤嬤也開心追加祝福：米呼迷上（祝福你）！理事長能陪我們喝酒，因為平常他是不喝酒的。gugu 婆婆說，烏尼喃！喝拉虎姊姊買的酒，gugu 說烏尼喃！拉虎姐姐對伊布的祝福感恩…。

部落新成員的滿月酒在給部落族人的聚會中認識之後，也在熱鬧與欣喜中落幕，isdenza 家族的大孫女在眾人期待中給家族無限的生命氣息，家族的土地不會一直孤單了。接下來是大夥一起回到日常生活面對生活的挑戰。因為 gugu 身體微恙，繼續寄住在妹疊阿嬤家，由阿嬤負責女嬰的起居。而婆家此時正忙著農忙早出晚歸，無法詳細照顧，只能就近常來探望母女二人。住在阿嬤家的 gugu 一早起來幫阿嬤打理兩個孫女的服裝儀容、文具、聯絡簿及學校的叮嚀等。送走她們上學之後，才拿起掃把要掃客廳。阿嬤在外弄洗衣機裡的衣服、餵雞以及整理菜園。回頭看到 gugu 在掃客廳，阿嬤隨即用力拿走 gugu 手上的掃把說：以前古時代，嫁出

20　叔叔為 gugu 對布衰繼父的稱呼。

去的孩子，不能回家掃地。

gugu 被阿嬤激烈的動作驚嚇：為什麼？會怎樣？

阿嬤邊掃地邊說：家裡會有不好的事發生。gugu 只好不好意思自己引來壞事來臨一樣便到廚房盛水，要裝在飲水機裡。

生病期間的 gugu 只能把自己關在女嬰房間旁的另一間房裡，聽到女嬰哭聲就呼喊在外忙碌的阿嬤來看顧：妹妹（伊布）哭了。

阿嬤這時去上廁所後，趕緊進房間把女嬰抱出來跟她互動說：聖誕節那幾天很忙，我跟你奶奶說我們都要去參加（天主教）避禁，孩子你可以先照顧，晚點我再拿回來（嬰兒）？

gugu 知道阿嬤的意思是希望女嬰不要給媽媽接觸到而也傳染了水痘：那時婆婆家裡也很忙，沒關係，我就用揹的嘛。

阿嬤擔心孩子：那麼小，骨頭還沒長好，不能揹，而且你婆婆若是要揹去工作，山上旁邊都是墳墓，孩子不能帶去那種地方，也不能在山上放下來睡覺，會有魔鬼照顧她，以前妳爸爸在山上即使沒有墳墓，若要把妳們放下來睡覺，妳們的枕邊他都會放一把他的獵刀保護。孩子會生病，奶奶不知道（gugu 的婆婆雖然是布農族，但因為信仰部落基督教的立場而不接受傳統禁忌）。因為婆婆她常隨便說：現在有信仰，只有一個神，不要信以前布農的話…。

六、春去春又來

　　一早阿嬤忙完自己的例行工作，就拿出教會用的羅馬拼音布農族語歌本，練習著弦律。因為教會在聖誕節晚會要比賽唱布農聖歌，她目前只會旋律，但是內容歌詞還不會。於是叫孫女妹疊唸唸看，因為學校有教羅馬拼音的母語課，而孫女練習唸半天，是歌詞稍會唸出，但旋律不會。祖孫二人在客廳各唱各的一段時間。阿嬤打斷妹疊：妳的音不對。孫女也不甘示弱：阿嬤妳不要吵我。

　　阿嬤委屈的說：妳要練習會了教阿嬤。

　　孫女繼續哼唱，要阿嬤停止不要唱。阿嬤又說：我們只有幾個人，阿筆、吉瓦、布衮、亮、我…。看著妹疊的阿嬤小聲說：妳會了就跟我們一起比賽。而孩子除了開心聖誕節的到來，拉虎即將受洗成為天主教徒之外，對一年的學校學習感到欣喜，因為族語教學可以應用幫助阿嬤的日常生活（唸讀布農族羅馬拼音的聖歌）。而在這個收藏知識成為新的能量得同時，要開始面對新的學習。

◆ 部落婦女雲端語音的教養觀

一、寂寞的部落土地

　　對於已經年久失修的土地，在布衮夫婦倆的耕土機翻過後，附近土地的人家似乎是跟進著準備重新利用土地再生

產。當然也有可能這些周圍的土地所有人的鄰居害怕年輕人
嘲笑在家的土地不事生產，被浪費掉了。

家族長輩似乎對於新開墾的土地倒是多一點的期待與
盼望。雖然三代以上的家族關係因為生活各奔東西忙碌，但
是對於這些長輩過去在土地上的記憶，不論曾經是住家（老
家），還是種植過小米、玉米或是其他農作物，總是不會忘
記家族情感的連續。而土地作為是家族的延續，說明了為何
周圍的人家也開始動作起來了；因為沒有人照顧的土地，也
代表著家道衰落，而當家的婦女們被認為是懶惰而無法溫飽
家人…。

一直以來，妹疊阿嬤與 gugu 的播種工作逐步在春天溫
暖的季節中完成。其它婦女的工作也大致按著自己今年的農
耕計畫在進行。但是，近年來，gugu 丈夫的外婆因為年紀大
了，漸漸無法悠游移動在自家的土地上。這幾年的播種空間
縮小到在自己家屋旁的菜園裡。對於家族土地無力再維持生
產力，或許也是因為兒女都不在身邊，只要自己肚子能吃飽
的份量就好。透露年輕人已不再跟部落土地熟悉了。

布裒夫婦倆的相處，透露了妻子引導農事生產與種植
計畫的角色，或許是丈夫因為在外工作時間無法配合，也是
妻子做為人婦之後，在部落有所需求於母親引領部落婦女的
工作使然。而作為部落母親必須教好女兒這件事就變得很重
要，必須把布農族的許多禁忌，尤其是小米作為布農族整年

重要的歲時祭儀與日常生活密不可分時。要不然母親的角色將會被部落的人嘲笑與議論。

而作為一個部落不熟悉的「知識」，gugu 這個唸過外面專業知識的孩子，會懂的東西，部落的人似乎很需要，而這個部落需要，是建立在過去他們共同解決過部落問題的基礎上。然而，gugu 急切想知道的事，卻是攸關她在部落生存的實用知識。也意味著大環境社會讓部落需要專業人才的介入。而 dama 巴力在他部落耆老的位置要他面對部落問題的解決方式，就必須吸收外面的看法。dama 巴力與 gugu 的對話，或許是他們的年齡與性別及階段要學習的重點不同，而位置的不同更添加了不同的需求。例如，阿嬤要照顧與延續家族。布袞要繼承責任、給予家族依靠。

二、「種子」這件事：部落婦女與農作物

部落婦女們在農耕作物的栽培與照顧上，常是競爭的狀態。因為它是一個婦女在部落中地位及聲望的依據。

阿嬤們在除疏小米的過程當中，藉由聊天無意識的彼此較量著自己平日工作的勤勞。因為小米的關係，妹疊阿嬤的姐姐又同去年一樣，來幫忙除疏除草。他們談話的內容較廣泛，但是也大都以農耕持家的情形為主。知道什麼時候、在什麼地點的野菜長的好；養雞的進度如何了；哪一家的婦女懶惰持家失敗的…

　　dama巴力特地駕著他的電動醫療車來小米園地探望與關心，讓 gugu 感到很安心，也讓兩個除疏的阿嬤姐妹倆再次受到勤勞的讚美。因此，gugu 作為晚輩只有認真替小米除疏，邊聽到他們的談話不敢多言，深怕一個不留意，會被這些老婦女們議論紛紛了，就連頭暈休息一下也要跟阿嬤們請假。

　　過去部落生計以物易物的方式，尚可見在部落婦女的日常生活當中。然而，部落「懶惰與依賴」的婦女，也焉然形成。農作物的分享是一種妹疊阿嬤人際關係的網絡。年輕一代的部落婦女出外工作賺錢，回到部落若是沒有錢可做人際關係，又懶惰沒有種菜，將陷入極度惡劣的生活當中。妹疊阿嬤姐妹倆的「禮尚往來」、妹疊阿嬤和小姑作物的交換及互通有無、沙尼阿嬤兒子回送山鼠作為感謝妹疊阿嬤送來孩子的衣褲。而與阿丙阿嬤的互動也常在 gugu 農耕作物上的交換及教養巴力的議題中來回。

　　部落婦女們在日常生活的開支若可能盡量縮小，常是無所不用其極的方式，例如養雞人家的飼料錢，常是一大開銷。而阿嬤知道要先種玉米、南瓜等蔬菜，可以在養雞的同時，省下飼料錢，又增加家族食物多元的數量。加上阿嬤平日去山上工作回家時，都會找餵食這些雞鵝喜歡吃的野菜，因此，養雞也可作為一種溫飽家人的象徵，甚至是一種財富的象徵，因為現在一隻雞若在部落買賣也不便宜了。

　　至於阿嬤守護的種子，作為她一個部落婦女一輩子生活

的寫照，用它來養兒育女，用它來做人際關係，用它來跟其他婦女競爭爭取最高榮譽的地位，用它來創造部落無數生命的可能性。

種子之於人類的延續，何其重要？阿嬤用一生照顧部落多少的孩子出生、成長、長大。提供種子餵養其他部落的人家，這是部落婦女的價值，是部落給予婦女崇高地位的指標。自從當媽媽之後，阿嬤得了無數次的模範母親獎項，也獲得部落婦女的尊重。這是 gugu 一生最尊敬的人，她在部落使用的在地知識，是其他部落婦女和 gugu 都望之莫及的。而阿嬤只有國小畢業。

而相較另外一個空間的人類，為了延續自我的生命，醫學（複製）、科技也已發展到人類不可收拾的地步。一般社會人類也常為了自我生命的價值與肯定，拼命的賺錢。在教養上，一般的父母給自己的孩子再大也不過的壓力，補習各種才藝及各類智能表現的活動，競送出國外留學，就是希望孩子以後可以或出名或賺錢回饋於父母，從而獲得別人的尊敬及自我價值的肯定，卻可能因此也讓孩子遠走高飛不再回頭，或者獲得孩子一個叛逆的屍體（自殺）。

三、部落婦幼教育：就是分享、共同體這些事

阿嬤們對於部落分享及分擔的義務這件事感到執著，教養她的兒女亦然，孫女也亦然。對於農耕作物以及家畜的養

護，如同養護子女一般的仔細與細心，要溫飽身體，也要心理對話。

　　而阿嬤對農耕作物養護的熟悉及仔細，在失去丈夫後獨自持家二、三十幾年的辛勞中，被大家肯定與有目共睹。gugu 學習養護農耕作物的過程中，也獲得許多照顧技巧，雖然體力及照顧時間的投入需要再加強。但是從布衷夫妻倆共同面對小米成長責任的過程；gugu 拉反光線中暑、做稻草人、放鞭炮、丟石頭、幫樹豆砍草等；而糯米玉米的收成與分享，可以看出農耕作物的照護將有所收成。

　　阿嬤的鄰居沙尼，除了常接受阿嬤的給予分享，連妹曡阿嬤的女兒幫母親慶祝節日時，也邀請沙尼一起來過母親節日，因為沙尼的兒子根本不會想到要在重要的日子，表達對母親的愛。妹曡阿嬤的二女兒透過媽媽，知道了鄰居沙尼阿嬤照顧孩子的處境，除了送沙尼阿嬤祖孫三人奶粉外，也送給了阿丙阿嬤的兩個孫子。而 gugu 總是喜歡分送自己收成的農作物給同學及朋友，除了是分享，也是一項自我肯定與自我喜悅的表現。

　　妹曡阿嬤孫女對朋友食物的分享也在大人們的示範中，得到模仿。生活教育中的知識，變成了是一項相對辯證的關係；妹曡阿嬤如何待人接物，其子孫得到了示範的學習。而沙尼阿嬤的兒孫用不理睬與增加其負擔的方式回饋她，也是一種示範的學習；就是沙尼她根本不認真關心自己的兒孫，

也不會跟農作物對話。或許是<u>沙尼</u>她已經習慣依賴兒子們，投入勞動市場所交換的金錢，因此相對變得很貧窮。

在日常生活中的學習，<u>妹疊阿嬤</u>希望孩子也會互相分享，尤其是作為姐妹的孫女倆，就像阿嬤姐妹倆平常在野菜與農作物收成的分享及互通有無，就像 gugu 會分享梅子給孩子學校的老師及自己的朋友們一樣。

孫女<u>拉虎</u>的人際關係也建立在常邀請同學到家裡吃光阿嬤準備給她們姐妹倆的食物上。然而，<u>沙尼阿嬤</u>或許是家庭經濟因素使然，或者是個人特質也罷，似乎依賴著<u>妹疊阿嬤</u>的給予而少有回饋；分享蔬菜、耕種農作物、代為照顧部落孩子等婦女工作，<u>沙尼</u>不常做到。而<u>妹疊阿嬤</u>雖有怨言，也只能放在心理，畢竟她認為是鄰居，部落又沒有人理她，她的孩子都不孝順…。但是，更多原因應該是<u>沙尼阿嬤</u>，只盼望著兒子每個月寄錢回去，而她又懶惰沒有菜種子，沒有種菜，自然無法長久溫飽一家大小的因素才是。

gugu 理解了<u>妹疊阿嬤</u>在布農族表現感恩的表達方式，常是向天神、土地、大自然萬物祭酒、並分享給他們的朋友。

四、學校教育：溫暖與痛苦的分裂

放假的學生，大都為了學校的家庭作業在忙碌，先完成作業的就可以溜出去玩，或先看電視。未完成作業的就只好繼續奮鬥，常有不會做的作業就問家人或同學。若沒有人可

以問，則放棄寫作業，回到學校不是被老師打，就是留在學校寫作業。孩子們在作業的來回當中建立不同的關係。gugu作為一個學習輔導的角色，使阿嬤較為輕鬆，因為阿嬤不必面對學校生硬知識的缺乏而感到窘境，一來為孫女的課業有人輔導感到高興，二來gugu在家總有一點依靠的感覺。然而，學校知識的制式、成績取向的結果，讓孩子較無法有多元學習的機會。若加上孩子接受大量媒體的影響，無人做引導澄清，學生通常很難會有自我思辨的能力。

學校教育的栽培，讓孩子持續在惡性競爭與家庭作業的痛苦狀態中度過，以顯示老師的認真與用心。姐妹倆的學習，在來到的期中考之際，顯得無奈又焦慮。家庭作業多，練習考卷更多，就連當過老師，輔導孩子功課的gugu也快承受不了這些多如毛的考卷。

<u>妹疊阿嬤</u>與gugu的主要責任，就是為家庭裡孩子的教育與養護勞動。由於阿嬤的能力有限，在跟學校老師的互動上，因為語言、識字上的能力有困難，造成阿嬤很少跟學校老師溝通，也不知道如何溝通。只能藉由年輕一輩的gugu跟老師轉達阿嬤的想法。倒是學校老師不了解學生個別的家庭因素，一視同仁的結果，反而造成學生更多的家庭困擾。將市區一般學校的評量與教材，放進不同生活經驗的原住民學生。而當老師的權威受到質疑時，便以推卸責任、事不關己的態度，認為是學生自己家庭本身的問題。原住民學生無

法達到老師的標準，老師的無力感與失望感產生，自然是情有可原！

而學校作為一個教育機構，卻認為孩子教養責任的歸屬是交給家庭父母的，並認為教學目標就是要部落的孩子跟上市區孩子的程度，而手段就是家庭作業要繁多到孩子常被留在學校，家長再個別接送。孩子睡眠不足，負荷不了還要家庭每一位成員承擔；阿嬤負荷不了孫女常遞來的學校學習單而想自殺，gugu 必須花更多的時間在已經超出孩子程度的家庭作業上陪伴孩子度過難關。加上老師不清楚部落學生的家庭生活與文化教養觀，所以當部落的家庭教育無法提供這樣一般的教育模式時，則被給予不正常家庭、父母不負責任的結論。孩子因此也被問題化而邊緣化了。

部落教育尊重差異而具體的教養觀，在阿嬤的生活事件中也常顯現；不管是小狗，還是家畜雞鵝，牠們被阿嬤照顧的程度都和孩子（人）一樣仔細。因為了解每一個動物／孩子的習性，所以尊重每一個動物／孩子的差異。而學校老師呢？

作為代為父母照顧晚輩的角色，除了是阿嬤過去的經驗，也是 gugu 過去被同樣方式照顧的自身經驗；現在 gugu 還在照顧不同人家孩子的生活；孩子可以在不同人家的家庭被養育。部落孩子的養育者，不見得要是父母。

gugu 的孩子們被她同樣關照在一個部落空間，與孩子

們建立如家人一般的熟悉網絡。但是要是回到學校的學習空間，gugu 很難繼續維持這樣的關心，因為她不是孩子們的父母，不能過問其他孩子的學習；這是有一年她去參加學校家長會的時候，導師這樣跟她說的。當天為此，被 gugu 關心的孩子在家長會結束後，被那位導師用棍子打手心，孩子告訴追問被打原因的 gugu：「因為你不是我爸爸媽媽，不能問問題。」gugu 認為，孩子多一點人關心與疼愛不好嗎？

五、布農族的夢境：教育在部落生活與宗教信仰不可分割

一樣早起的部落婦女，為不同的一天計畫著，星期天，孩子不用上學，要去上教會做彌撒，妹疊阿嬤祖孫三人是，沙尼阿嬤祖孫也是，阿丙和妮娃一家人也是。部落大部分的人都是。不同的是沙尼阿嬤的信仰是基督教。而妹疊阿嬤的信仰是在部落先蓋有天主教堂開始到現在四、五十幾年了。孩子以及子孫的信仰都是天主教，阿丙及妮娃全家族也是。

只有在星期天，阿嬤才稍有不同的作息與心情，因為孩子不用上學，有較多相處的機會，也是家庭機會教育的時間。她就帶著去上教堂，讓神父、修女講福音告訴孩子做人的道理，也和教友一起度過半天或一天的假日，來分享近來的生活，也是孩子不同的生活學習。有時做完彌撒，阿嬤就順道帶著孩子去田裡工作。而這也是 gugu 小時候的成長經

驗。

　　妹疊阿嬤常用過去她在夢境經驗的累積，解釋她的日常生活，也應用在家庭教育當中。不同家庭的宗教信仰與禁忌、生活與教育，阿嬤都尊重。然而，就在妹疊阿嬤與其它堅守布農族生活禁忌的日托班老人，常被一個有權／錢有勢的基督教的信徒「權威教育」。過去同樣是在部落中互相依賴的布農族人，因為在教會不同的立場與信仰中產生了衝突。而何以這位可以膽敢放棄過去大家賴以生存的共同信仰的「教育者」，可以肆無忌憚的向大家咆嘯說基督教只有一個神？大概是她作為教會中的長老有權，又是部落中有錢的人家吧！然而，大家都謹記的是，她們的家族過去曾經窮到要部落的人施捨共同照顧。

　　夢境，提供布農族人一個日常生活的隱喻、提醒、預見、預防與指引。gugu 因為過度思念部落親人而引起在噩夢中的夢境持續連連，影響日常生活的情緒。阿嬤常把不可解釋的生活現象與疑惑，交給她過去至今信賴的布農族信仰；嚴守禁忌以及找巫師解惑。除了將布農族的生活哲學實踐在日常的習慣當中，也告訴女兒這些生活的細節。例如，對於另一種的養育：雞和鵝，阿嬤有一套信念與實用的知識。阿嬤知道什麼時間該養雞，什麼行為會觸犯養雞的禁忌，什麼樣的人不適合養雞。

　　對於養家禽的謹慎與嚴謹，也可反映在阿嬤擔心牠們各

種生活的細節，例如清洗牠們的家園、修復鐵絲網、為颱風及冬天作準備，請鄰居<u>沙尼阿嬤</u>代為照顧而不會讓家畜牠們口渴、餓肚子等。

在找巫師解惑化兒的時候，也會嚴謹遵守做人應該要有的「心腸」；以德報怨。不能亂誣賴別人，即使別人對你傷害也不能報復，即使知道人家佔便宜也能夠體諒，處處為別人著想…。

<u>妹疊阿嬤</u>時常在做任何事情時，都會事先取得祖先的同意，事後也感謝祖先的幫忙，例如，先祭拜種下龍眼樹的主人，再祭拜幫忙砍樹的鋸子，並叮嚀孩子一定要跟鋸完樹的鋸子說謝謝。

布農族死亡的禁忌，也在阿嬤對待孫女晚輩的照護與禁止中被叮嚀；小孩不要去到喪家；即使孩子有無生病都不能逗留在墳墓或讓孩子獨自一個人。因此，對於 gugu 婆婆要帶新生兒去靠近墳墓的地方工作農耕，阿嬤頗有微詞。也對婆婆不相信布農族禁忌的立場感到幼稚。

<u>將</u>的死亡，是一種部落現今價值觀的顯現；一家人平日不住在部落老家，對部落沒有貢獻，若遇到問題與困難，會較少得到部落人的幫忙與回饋。

六、另一種移動的父母、老師、文化轉譯者，阿嬤部落的女兒 gugu

常為了孩子的家庭生活教育而有情緒的 gugu，是父母的角色扮演，例如帶孩子去買字典。而當孩子出現不符合阿嬤期待的表現，她通常是藉由事件發生給予立即的機會教育，例如不理會阿嬤呼喚吃早餐的聲音時就會大聲斥喝孩子不應該。來自於 gugu 心疼阿嬤對孩子管教的限制；教育程度、年老缺乏體力以及家庭的經濟能力。在孩子的生活教養中，gugu 時常要和阿嬤溝通協調一些教養上的盲點與焦慮，例如，孩子幫忙丟垃圾這件事已經可以學習；學校通知單蓋印章這件事，必須讓孩子與阿嬤知道它不能亂蓋的原因與重要性。還有如芝麻小事不能直呼部落長輩的名字，必須加上輩分的稱呼等生活教育。

從以上可知，gugu 必須利用在場的時間，給予立刻嚴厲而「正確」的價值觀，以得到矯正教育的效果，以降低 gugu 不在場時阿嬤教養的煩惱，否則孩子可能會讓阿嬤身心俱疲，精神壓力緊繃也失去長者應有的尊嚴。而孩子本身在學校與家庭的經驗也可能因此不愉快。

而對於學校生活中的學習與解惑，gugu 通常利用與孩子進行家庭作業的時間，或孩子跟她聊學校的大小事時，給予能夠適應學校團體生活的意見與進退。並在大人與小孩之間的衝突拉扯之中，適時提供孩子另一種選擇，例如當<u>巴力阿</u>

公大聲禁止孩子們用馬桶刷玩刷牆壁這件事時，gugu 認為許多孩子正在進行興致高昂的團體遊戲時，介入停止遊戲不是一件可取的事，於是小聲建議巴力他們到遠一點的地方玩不讓巴力阿公看見而生氣，而 gugu 也可以看著孩子的動靜與安全。gugu 還時常叮嚀孩子要少看電視，建議其他選項的遊戲。是一位作為學校老師的角色，而這個老師通常傾向提供孩子反思學校生活的事件與自己的關係。

至於跨越在生活中的文化轉譯行動者，gugu 也利用與孩子或是學校，還有阿嬤們的溝通，幫忙轉譯不同位置與空間的意義，例如戶外燒火吃地瓜中的對話以及禁忌，是學校不可能會教的文化知識，卻是部落生活中實用的知識。阿嬤叮嚀 gugu 禁忌作為一個生活規範的教條，gugu 也在機會教育的時機中，傳達給孩子們，讓孩子與阿嬤的相處可以更融洽而少有距離的文化斷層。

對於部落其他孩子的責任，gugu 較能了解關心孩子學校的教育，是因為 gugu 本身就是一個有學校教學經驗的老師，也了解學校運作的方式，就能將學校教育的想法轉譯並傳達給部落的婦女。不論是跟部落孩童的互動，還是跟婦女們溝通孩子的問題，gugu 通常都能掌握問題。

在學校的學習裡，阿嬤負責孩子的生活起居，gugu 輔導孩子在學校的學習，不論是課業還是生活的教育，跟孩子的學校老師溝通、幫孩子過生日等，都是父母功能的角色…。

因此，父母的在與不在，部落家庭教養的模式，就不是一般學校認為的那樣，家庭功能瓦解、家庭結構失常等標籤用語。

而對 gugu 來說，不論是作物的照顧或是學校孩子的輔導，都是一種教養的試練。

◆ 十字路口上的交織性

一、自我處境的理解與他人

自我開始去理解目前的生活。是隨著多元文化教育課程研修的脈絡，探究自我理解的認同與差異，以及認識所謂多元文化教育的教學；了解性別與多元文化教育、女性主義的關係；其中，文化研究提供另一個不同觀看社會現象的視角。知覺到生活中族群、性別與階級等社會議題，無時無刻不存在。因此，在研修歷程中的同時，其實，也可以算是一種自我、文化理解的過程，是一條回家的路。

或許是因為步入婚姻後，在布農族的生活感覺到人／布農存在價值的意義與思考；因為對自身文化及自我理解的認同，感到錯亂與掙扎；我不會唱很難的布農族古調，即使我很會唱原住民的創作歌曲；我不會說艱深的母語，即使我聽得懂老人家說的話；不會對凡事依作夢而行的布農族夢境進行解夢，即使做夢後我會打電話回家，向媽媽請教作夢的隱

喻。那個斷裂，使自己困難適應於部落的價值與律動。那是當我接觸大環境的衝突、開始認真思考自己存在的同時，驚訝於對自身文化的理解，極為有限的空虛使然！

因此，在此一掙扎難耐的生活理解當中，也開始主動積極找長輩教導我，從如何栽種及照顧布農族過去賴以生存的小米及農作物開始。告訴我布農族在小米及生活中各種不同的祭典儀式及生活禁忌，從此一行動實踐的理解，進而認識日常生活的文化。然而，因為過去二、三十年來，小米已不復見在部落作物生產的生活中。是因為大社會環境各種變遷的因素，使得過去賴以生存的小米不再。因此，小米再現於部落，對於自我與部落老人的理解，有其重要的意義；小米之於我，我知道該如何扮演在部落婦女中的角色，而小米之於老人，似乎就是該要反省自身生活的處境。

小米從開墾、到播種、拔草、收成一連串的耕種活動陸續展開至今，小米第二年的栽種，gugu 幾乎已經可以自己照顧小米的生活，而讓妹疊阿嬤較少之前的操心。隨著小米一連串祭儀的參與實踐，有意義的打開了 gugu 對布農族文化的視野。等待小米長大的同時，也是陪伴小米、陪伴部落老人說話以及與大自然對話的過程，更是與大社會環境直接衝突的矛盾。布農族婦女的團結與遠見及韌性，在 gugu 和妹疊阿嬤小米的對話中被展現，其維持家族延續及布農族人生生不息的文化在小米中被看見。

然而，在此期間，gugu 的生活中也持續不斷面臨部落家庭的問題與自身經濟需求的矛盾當中；亦如現在對於自身部落的詮釋與看見，也有因社會變遷而產生了質與量的改變；外流人口嚴重到部落只剩下不到三分之一的人口數，緊密連結的家族情感漸漸疏遠；我對部落快速變遷使我適應不良感到憤怒；我對它產生一種本質化的偏見感到惶恐；我對過度關心它而感到焦慮。只因為它是我的家，我的故鄉，我曾經在那裡渡過最幸福的日子，以及我幸福來源的想像。我知道它依然是讓我最感到幸福的，可是幸福的定義已經隨著時空的轉換而位移了，而我卻想停留在最幸福的假期。

二、部落婦女不同處境的相似

因為沒有工作而經濟資本的缺乏，讓妹疊阿嬤一家人及部落婦女許多人都有同樣的困境。文化社會資本與經濟問題通常是家庭變異的因素。

妹疊阿嬤一直很關心鄰居沙尼阿嬤的處境，自從沙尼阿嬤的先生過世之後，經濟支柱頓時陷入困境。加上家裡發生一連串不幸的事情發生。兒子不是相繼出車禍，就是感情與金錢被人傷害，就連沙尼自己的同居人也因經濟糾紛被婦人搶走後，讓她陷入在第三者的危險當中。

過去這戶人家是部落有錢有勢的地位，甚至鄰居妹疊阿嬤因為先生過世後的那幾年，獨自扶養嗷嗷待哺的孩子而

經濟陷入困境時，沙尼夫婦倆不只驕傲歧視部落的窮人，更具體看不起在妹疊阿嬤一家人身上。妹疊阿嬤就是心疼沙尼阿嬤現在過著自己過去也有過孤單困苦的生活；經濟陷入困頓時的掙扎、孩子教養的負擔等。只是妹疊阿嬤比她幸運的是，她有女兒且都很孝順與貼心。而沙尼阿嬤的兒子在婚前婚後都讓她無依無靠、傷心不已。部落婦女的地位通常在另一伴過世之後，就陷入身體與身心的煎熬。

布衰的外婆，她的孩子出外工作二、三十年後，加上丈夫已經去世，兒孫們也不再回頭看看她老人家了，更遑論家族的土地會有人關心。只有在她老人家生病住院或病到不行時，孩子才姍姍來遲回來看看。年紀較大的部落婦女們，醫療的需求開始增加，但卻因為交通不方便無法立即接受醫療，或因為害怕醫院診間需要用到她們不熟悉的國語與認字寫字的麻煩。有人作伴一起去醫院看醫生總有多一點的勇氣，要不然只好自行診斷到藥房買藥。沙尼阿嬤就是成藥的主要使用者，gugu 常接受她的委託去商店藥房買成藥。因而她們的健康問題都是拖到不行了才出現在醫院診所門診。交通工具與子女不在身邊陪伴的因素，也是部落婦女們接受醫療機會的根據。

部落家庭接受政府中低收入戶補助的人數越來越多，接受兒童緊急扶助的更多。似乎是出外工作的年輕人或收入減少或沒有寄錢回到部落，還是所謂的單親或跨世代教養的家

庭也多了。<u>妹疊阿嬤</u>的孫女，是在兒子有一段時間失業的時候經過村幹事轉介接受兒童緊急扶助。<u>幕娃</u>是因為媽媽單親撫養她。其他如單親教養的家庭也多接受學校或其他社福團體的助學金補助。

而<u>沙尼阿嬤</u>是因為三兒子的狀況是工作時弄傷腳，收入又不穩定，名義上單親又帶有發展遲緩的孩子，列入貧民。然而，<u>沙尼阿嬤</u>接受許多政府支援如早期療育的到家服務，似乎並沒有珍惜配合孩子的發展，反而花更多的時間在喝酒上，孩子多藉口叫人代為照顧。幾次<u>妹疊阿嬤</u>對她自私的行為感到生氣。

面對不同世代的部落婦女與生活，阿嬤們的經驗總是對照著 gugu 以及不同世代的婦女，卻也產生許多世代間的衝突。生活圈相似的婦女，例如作農與不作農的婦女有著不同的生活模式。三〇年代的老阿嬤與農作物密不可分，通常是因為過去部落生活經驗的豐厚，知道取之於大自然，用之於大自然來飽足家人。也持續為部落婦女的價值規範在農作物上的競爭而作祟。四〇年代的阿嬤，若是不作農的婦女則較多依靠孩子在外打拼所賺來的金錢。五〇年代的阿嬤，則通常選擇較多時間往外面學習爭取資源，來飽足家人，因為這些部落婦女們通常過去都有到過都市打拼的經驗，知道如何在部落利用多元的社會經驗。而六〇年代的婦女，則幾乎都納入了市場經濟體制，被市場操弄著而辛苦的生活。以 gugu

在外的生活為例，經常是沒有金錢到不能來回部落老家。自我進修的理想變成是部落大小情感斷裂的絆腳石，更是生活經濟的惡夢。學生升學唸書作為一個資本的投資，在部落來說，是一種奢侈。相較於這些部落大部分作農的婦女們，通常圍繞的話題除了是家族大小之外，最多是農作物的生長與照顧。

　　然而，在異地生活的婦女，總是不比部落家鄉的方便多。人生地不熟，很容易因此而焦慮。而離開部落的婦女們不是為了一家的生存，就是為了工作的移動在煩憂。因此，能夠在異地建立友好的人際關係是生存的不二法門。而熟悉部落人在異地的網絡就顯得很重要。可以互相分享生活，分擔生活，也分擔情緒。

三、都市青年的邊緣處境

　　部落年輕人若沒有工作又不懂得種田、也沒有好的學歷老闆也不會雇用。這是都市原住民游移在部落與都市的處境：兩邊都無法獲得滿意的生活。部落婦女也意識到現在時代不一樣了，在部落種農作的人都吃得飽飽的，反倒是出外工作的年輕人很辛苦，也不見得吃得飽。

　　沙尼阿嬤兒子的自殺，第二天早上就傳遍整個部落，許多人紛紛來向妹曇阿嬤詢問原由，也對沙尼兒子自殺，然後到鄉居家求救的動作感到生氣，因為有新生兒剛出生在家，

是一個禁忌。沙尼阿嬤家的問題再度被部落拿出來紛紛討論，大都是負面的；沙尼只想到自己與同居人談戀愛而不管孩子、懶惰喜歡占人家便宜又愛喝別人的酒也不買、以前看不起別人，所以現在過得很悽慘：孩子都有問題又不孝順。而這幾年兒子出外工作，沙尼阿嬤一個人生活，曾經自己出外工作，也曾經受僱於他人看顧店家，孩子都不在身邊，卻時常要為他們的行為感到煩惱。

gugu 認為，沙尼阿嬤兒子的自殺，只是他想引起大家的關心：因為他想活著，所以自殺就像拿自己作噩夢一樣，打自己，讓自己回到現實，喝農藥只是告訴自己：我還活著！而最後他還是因為孩子與家庭的生活而又北上去找跑掉的老婆（未婚妻）再一起工作賺微薄的收入，即使工作不穩定，時有時無，但是可以跟愛的人在一起，寄一點錢回部落給照顧兒女的老媽。

四、部落孩子揹著族群、性別與階級的陰影

部落孩子們背後的身世，是一個充斥族群、性別與階級極端不平等的諷刺。不同家庭結構的孩子，接受部落教養的氛圍是類似的。卻也有不同特質的家庭經驗是需要再去理解的。學校教育應該尊重當地部落文化教育觀的需求。平地人的小孩，丟給他們歧視而嗤之以鼻的「山地人」扶養；要是幫他們生了男娃則勉強帶回去認祖歸宗，若生下的是女娃

則任其漂流在部落不聞不問。未來卻也有可能步入他們媽媽的後塵，被人遺棄？在大社會性別不平等中的女人被歧視就算了，但是部落的男人要娶平地人的女人也會被歧視被反對又是怎麼一回事啊？看來族群與階級要比性別這件事來的重要。

巴力、莎泥的養子、伊娃、幕娃、打瑪幾魯的孫子，是爸爸（平地人）那邊不要的孩子，原因常是孩子的母親是「山地人」。然而，當孩子出生後，與週遭人產生的連結，似乎也注定了他們成長過程中的社會關係。不管他是原住民、客家人或是外省人、還是外國人，孩子也都承接了他出生社群團體的關係與位置。因此，不論孩子的爸爸是什麼族群，孩子出生成長的地方與長成的樣子，幾乎就是與在地社群文化人格接觸後所建構的。

雖然這些新面孔是不同血液、不同族群的孩子，但是在部落的教養氛圍中，孩子是從不分彼此而一樣被照顧著，接受部落一樣的愛與滋養；部落婦女們可以互相看顧部落的孩子，孩子在部落人家的客廳、房間或屋前廣場來去自如，渡過童年生活的歲月。當然，我們也可以從阿嬤祖孫的家庭與部落教育的生活圖像，以及在孩子之間集體的互動中有了一些想像。例如，大小不分年齡層的孩子玩在一起，稱兄道弟、親如家人。可以玩到很晚直到孩子們自己要回家。然而，倘若這些平地人的孩子是在平地生活時，會怎麼被對待

與養成的呢？

當然這些孩子也會被放置在一般學前／校教育的機構，一起成長與學習團體生活。但是，部落與學校生活最大的不一樣，就是學校會標示這些學生是單親家庭、隔代教養家庭等破碎家庭孩子的字眼。接著老師的態度因分類這些學生而變得有點「操心」，而學生也學會了如何看待自己與自己的同班同學。問題學生的學校經驗因而被建構出來而特殊不同了。

回到部落本身與大社會環境的族群關係上，為什麼這些未婚的母親及母親的家族，就要「委屈求全」、「順理成章」的接受這個別人不要的孩子呢？只因為孩子的母親是「山地人」的身分嗎？那麼「山地人」到底是什麼東西讓人害怕？他們不能也有選擇性來說要與不要嗎？然而族群的「社會結構」、「文化慣習」，普遍「重男輕女」的社會文化等多重複雜的因素，都是需要被納入理解的。但是如何在既有的現象、在文化一來一往之間改善不對等的關係，是大家必須誠懇與互相尊重生活文化以面對的「事實」。

如果，這些部落孩子的新面孔，在未來也將是國家的棟樑、多元社會中的一份子，那麼對於他的出生與未來，將有什麼隱隱約約的牽連呢？如果，當他長大到能夠理解自己出生的社會關係與位置時，他們將如何看待自己的父母與社會關係，包括他自己的認同？

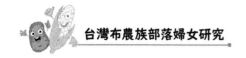
◆ 餘音繞樑：實踐變遷的處境知識

一、部落婦女的日常生活價值觀

　　阿嬤的一天，從清晨到晚上，從日常生活的勞動經驗看來，似乎都是為了孫女與家人的生活起居打理家務為主。也就是照顧、養護家裡大小；包括照護子孫、培養動植物、農作物的責任。而婦女與土地以及農作物的關係，還有共同養育部落孩子的經驗，常是日常生活中婦女的話題與人際互動的媒介。是部落婦女的社會價值及個人存在的意義。

　　本篇三個阿嬤的日常生活與規劃，也常是以家人，尤其是以孫子孫女的作息為作息。孫子女上學的時間，是阿嬤稍有自我喘息的空間，不管是留在家裡，還是到山上工作。但是，還沒有上學校的稚齡孩童的阿嬤們，則常是透過互助以及共同養育的方式來達成自我喘息的片刻。例如，阿嬤帶著孩子藉著找鄰居友人聚會聊天，或者就直接把孩子寄放在別人家裡看顧，或因急事不得不短暫離開的方式。使孩子在不同人家的家庭裡，而有了適應各種被教養方式的經驗。

　　然而，阿嬤們的生活要是加上現代學校的教育輔導時，倘若家裡多一個人手幫忙在孩子的看顧，分擔阿嬤在教育困難的角色，例如，輔導孩子的作業或是引導日常生活正向的行為，就能彌補學校教育需要孩子的父母發揮功能的角色需求，也能減輕部落婦女們在教養子女學校教育的焦慮。

王淑容（2004）隔代教養家庭祖孫依附關係之相關研究指出，隔代教養家庭祖父母因缺乏中間世代責任變重，…家庭在經濟上需求補助，身邊親人對隔代教養家庭祖孫依附關係具有影響。至於在部落的情形，祖母雖然責任變重，但有其人際網絡的互助可供自我喘息的時間，只是沒有收入的阿嬤們必須花更多時間在農耕作物上的栽培，才能維持家裡自給自足的生計，至於有收入，例如接受社會資源補助的阿嬤或婦女們就較少有種菜養家禽的方式來維持家計，只是生活因為依賴扶助金錢，而較無法溫飽，可見自給自足的方式似乎較能適應在部落的空間當中。而祖孫之間親人的介入，則是阿嬤們另外一種生活教養的需求。

　　另外，關於隔代教養學童學校適應的研究，陳惠萍（2005）的資料顯示，隔代教養學童認為由祖父母照顧最大的優點為「生活起居受到較好的照顧」，缺點為「管教方式不適當」，而導師們認為隔代教養學童學校適應情形尚佳，但在「學習適應」及「常規適應」方面仍較需受到關注與協助。回到部落的跨世代教養來看，孩子的生活起居似乎普遍受到基本的需求，管教方式則因阿嬤的身體年老，體力有限，加上在學校家庭作業上輔導功能的限制，採較寬鬆的態度。至於在學校學習的常規與適應，則因部落空間的環境及自主學習的生活安排，學生行為自然無法適應課堂制式與機械化的硬性規範。

　　在原鄉部落普遍以婦女為主要照顧者，而祖母通常又是照顧孩童的主要人物時，在跨世代教養家庭中，生活中的中介者及部落其他資源的介入，對部落婦女日常生活就有其必要性。而父母必然是孩子的主要照顧者這件事，已經不見得是重點。重要的是，在這樣部落人口結構的基礎上，部落共同生活的互助以及自我管理的機制，是否在面對社會各項變遷及政策時，能夠適應與發揮。而如何適應與發揮，除了是每一個熟悉且住在部落的人的責任，更是每一個不熟悉且不住在部落的人的責任。

　　天下雜誌在 2009 年四月出版的雙週刊，封面標題是「父母不是最好的老師，易子而教新流行。少子化趨勢，家長面臨教養問題，易子而教、交換家庭、同村共養，為焦慮的父母找到新解方」。部分文章標題內容提到台灣父母異常焦慮，教養責任大量外包，教養協助正流行，其中有幾個重要趨勢：現代的同村共養，建立家庭聯盟、趨勢、易子而教，多元的學習典範、透過志工活動、生活的經營、大自然的相處與孩子對話。

　　從該刊各項觀察與調查，部落教育做為一個良好的示範這件事；易子而教、交換家庭、同村共養等家庭聯盟與趨勢，不就是部落婦女日常生活與教養觀的寫照嗎？多元的學習典範、大自然的相處與孩子對話等不就是孩子在部落成長的氛圍？甚麼時候被汙名的部落教養模式成了這些菁英階級

父母的教養觀：父母不是最好的老師。

　　學校常把單親、隔代教養等部落議題污名化成父母不關心孩子的教育，但是誰又看見了這些孩童的父母是用甚麼方式在表現關心自己孩子的教育？年輕人他們為了孩子的教育，不得不離開部落到都市或出外靠勞力打零工賺錢來養育部落的家庭及孩子的教育，低社經地位只能讓他們被學校歸類為「無貢獻」的家長。然而，該週刊的標題封面及圖片，給人的畫面卻必須要是高社經地位，或是都會型的家長，才有能力實踐以上觀點的菁英教育，要不然今天這些菁英階級的父母也不會出現在該雜誌上了。然而，這些精英階級的父母跟部落靠勞力打零工度日的父母有甚麼關係？大概就是一個在主流社會階級的高低之分，以及族群地位的位階兩者交錯複雜的關係吧！

二、生活對話中的轉化教育

　　一年春夏秋冬的季節活動，部落婦女阿嬤們除了配合行政機關部門的活動，例如打耳祭、進倉祭等布農族歲時祭儀。另外，部落老人日托班的相關課程與活動，也是部落阿嬤們以及阿公們主要的生活日常，例如，老人日托班的出遊。而教會更是作為一種日常生活的規範與準則。例如，基督教在部落強勢於天主教而排外（文化）的立場，讓不論是信奉天主教還是布農族族群信仰的日托班成員，只能暗自念

念有詞。但是,在妹疊阿嬤身上,可以看見各種信仰的跨越與轉換,她這大半輩子信仰的是天主教會,做為一個虔誠的天主教門徒,她在日常生活中的信仰,也常交給過去她賴以生存的布農族禁忌與規範,例如去尋找巫師解惑、或是替自己與別人解夢,甚至是替人做布農族傳統的儀式來驅凶化惡。這是阿嬤認為凡事都要尊重的態度。

而大部分的部落婦女們,主要的活動就是依循農作物在四季生長的照顧為循環。而照顧的仔細與細心,都表現在照顧人、動物,還是照顧農作物、小米。照顧部落孩子的日常生活,似乎可以在部落婦女照顧農作物中的責任被見證。在她們的故事裡,可以看見的是各種生命教育的轉化與價值。

在小米種植的過程與各種祭祀小米的儀式當中,對小米的尊重與重視,在此已經可以不言而喻的舉出各種例子以證明農耕作物的豐收,作為溫飽家人的憑藉。而農作豐收之前的照顧與養護過程,就是婦女阿嬤們與 gugu 對祂們的用心與敬意。因為必須如此,才得以豐收而延續家族的命脈。是謝天神祖先的庇佑,也是謝土地的鬼靈,更是一個婦女個人精靈的能力,也就是她的 hanido 戰勝土地精靈的具體表現。

在生命教育轉化的例子上,諸如,阿嬤在菜園裡把孩子踩壞的菜苗用鋤頭一顆一顆的扶正時說了:「我剛長出來的菜被小孩子到菜園玩時踩到,快要死掉,我還是一個一個的想盡辦法把他們弄站起來…」。是她對於每一個生命的重

視與尊重。似乎是對剛出生的小菜苗或是新生兒的心疼與呵護，而這樣的動作，也從反映在別人家的孩子，<u>沙尼</u>的孫子老二身上，阿嬤對他新生命的心疼與著急，認為孩子很可憐，必須想辦法救他，甚至分享給沙尼阿嬤的農作物蔬菜，是希望她能溫飽家人，多關心孩子的營養與健康。

又如一個在生命教育轉化的例子，在阿嬤養雞的哲學裡頭，將小雞的生死繫於個人能力與遵守禁忌的個人規範當中。從對家禽的照顧責任並掌握各種家禽生活的習性，可以知道阿嬤對各種生命的形式是一視同仁、不分彼此的具體表現。甚至於無生物的鋤頭、電鋸，其地位可比人類地位還高，人們必須謙虛祭拜祂、尊敬祂。

而禁忌做為一個社會團體的規範，也可視為一個教育社會化的過程。而此過程進行的方式，是以日常生活中的經驗與對話，來達成教育子女的目標。

例如，在阿嬤與 gugu 以及孩子們很多的對話中，可以看見與聽見布農族生活文化的禁忌與價值，是在日常生活中的事件被傳遞。例如：在阿嬤生活疑慮中的分享，提到了她兒子與友人觸犯禁忌的後果，希望傳達她做一個布農族人的價值觀以及對教育的信仰與堅持：

<u>阿浪</u>（兒子）愛騙人，以後會長膿包（痛風），真的！我相信（布農族的禁忌），你看他愛騙人，手腳都長（痛風），這個孩子太過份了，他的爸爸不會這樣，以前

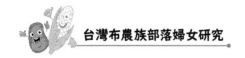

他（先生）喝酒後都不會講話，睡覺肚子餓就起床吃飯，我已經煮好了，<u>阿浪到底像誰？愛騙人！</u>

此句話可以看出阿嬤認為，說謊是不應該的事情，會導致手腳長東西的後果，並認為說謊這件事的原因似乎是遺傳來的。也可從孫女拉虎欺騙阿嬤說，她在學校向老師拿了自己的儲蓄十元，而事實上她是拿了三十元買鉛筆。當阿嬤知道自己被騙後，很生氣的利用一個早餐的時間教訓她。

而阿嬤的禁忌與規範的來源，也是長者如阿公、阿嬤輩的在跟她的對話中所流傳下來的，可見，布農族的禁忌與規範很多是藉由經驗與對話被強化而形塑的。例如，在健康教育的禁忌上，從日常生活的現象，解釋觸犯禁忌的後果。諸如此類用禁忌來規範與教育孩子的方式，是阿嬤們熟悉的方式，也因此所謂傳統文化的知識就有被保留下來的可能。也是部落婦女們教養部落、傳承部落文化的責任。因此，就常可以看見阿嬤及 gugu 兩個婦女，將生活的經驗帶給孩子們，而此經驗在部落的空間，就是一個實用的知識。

然而，此實用的知識，它的空間若轉換到學校教育時，這個知識會如何被教導？練習種植照顧植物卻可能沒等到收成結果、練習養蠶卻可能不知道桑葉去哪裡採…。

從阿嬤的待人接物，在對待鄰居、動物、農作物等人事物中，都是以謙虛有禮及感恩感性、關心保護及一視同仁的態度，顯現在生活的互動行為之中。除了是孩子日常生活中

重要的學習示範，也是部落教育文化的根本。婦女們透過日常生活中的勞動、互動及語言內容，將部落傳統文化的教育帶給孩子，並做為一套婦女生活的系統與存在價值的意義。

三、童年作為一個大人的鏡子

童年回憶作為一種理解自身生命歷程的知識論與方法論。不論是 adus，還是現在部落孩子的童年文化，都是一個在地空間與環境所建構而來的知識系統。

孩子因為自己照顧自己，對於自己的時間和活動安排擁有相當大的自主性，提早學習讓部落的童年在處理危機與忍受挫折力上，有較好適應的表現。但是當空間與時間是被放置學校的學習時，則是部落學生另一種陌生場域與適應新環境的緩衝期。

童年作為一個個體解放的異質地方。比薩如好動的活動量，讓可能在未來學前教育階段的他，就被認定為過動症的孩子，然而，在部落空間的寬敞與無拘無束的環境，比薩如的活動量獲得紓解與釋放，即使他真的有醫學上認定的過動症（ADHD），也已經在學前階段前，或學齡前，被部落的環境空間慢慢的釋放與矯正過來。

主體的養成是社會關係的形成。平地人的孩子，他們的養成是一種部落環境的因素，其行為結果當是部落行為的因果關係，似乎是無庸置疑的。不同童年的差異經驗，從他

們的遊戲、家務及生活技能、親子關係、手足互動、同儕關係、家庭教育等被劃分。當這些差異經驗來到一般社會教育的規範時，這個差異被大多數人的經驗客題化、他者化，之後的邊緣化使孩子成了不適應規範的問題學生。

因此，當我是一位學校的幼教老師呢？我應該是不論到哪裡教書，會秉持著一個尊重的態度。尊重有很多種；我可以學很多種的語言，外籍語文、台語、客家語、達悟族語等等，因為我要跟學生對話，我要知道他的家庭環境用語，也要知道他們的社區環境，更要認識他的成長經驗。

我該認識地方性的知識，並把學校知識利用在地資源去設計有關我的教材與教法。所以我會有很多不同評量學生的方法。

我應該會跟孩子們分享我所學的個人經驗，讓他們也能告訴我關於他們的故事，不論是用畫畫還是寫字，或是歌唱還是舞蹈、或是玩耍等等的故事呈現。

不論他們的信仰是什麼，我都能秉持宗教對人的關懷「愛」，跨越在不同的信仰生活裡。是真的付出一樣的「愛」在不同孩子的身上。

過去大家認為的教師專業圖像，不再是一個權威，應對它產生質疑，因為在部落，這個專業圖像並沒有讓孩子更人性化，反而更沒有尊嚴。畢竟學校教育與教育真的是不一樣的，部落有它自己面對教育的方式。

再回到部落的童年與部落婦女的記憶，當我現在是一位部落的青年婦女，而從小被部落照顧的經驗，到現在自己也成了一位持續不斷在照顧著別人家孩子的部落婦女。在部落裡，我的角色除了是原住民的幼教師，也常是幫忙阿嬤們照顧孫女的中介者、是部落其他孩子的親友、鄰居。我與部落小孩的關係，有時是他們的教育／保育者，有時是他們的朋友，更常是他們缺一角時的玩伴。在很多日常生活當中，我大部分是參與觀察的行動實踐者，總是擔任解決祖孫與教養問題的中介者與親朋好友。

　　然而，回到學校現場，我的幼教專業告訴我，孩子該如何被教育，各種教學法的優點讓智力如何被啟發？但是，這項部落的「權威」卻沒有讓自己比較快樂，反而讓自己與她們有了距離。我知道是那種知識我懂你不懂的分野。但是我跟她們一樣是部落婦女，只比她們多擁有一點所謂的教育專業與多一點書本上的知識而已，但是，書本上的知識，跟她們的知識與我的幼教專業有甚麼關係，我被部落的教育使成為一個部落的婦女，需要共同養育部落的孩子。而幼教專業使成為一個在部落實現各種教學模式的假專業，因為它並不能理解孩子在語言、思考及行動的「文化模式」。這個優勢卻沒有帶給我在部落婦女團體中的「自由」，除了我可能有微薄的薪水以外，在傳統角色的扮演上，我的農事技巧與生產做得還差之千里，與部落婦女集體的互動，還是較為生澀

而害羞。我知道部落的土地，一年四季該種些什麼農作物，也知道土地會生產哪些植物，以溫飽我的家族。我知道對於家族的生存，是與土地與大自然的循環為依靠，所以必須依循布農族的話而不能觸犯禁忌。

所以現在我是一個部落婦女，當部落有需求時，例如，農會不收購部落生產的農產品時，該如何向社區的幹部及有關單位反應，並幫忙部落尋找一個自我行銷的管道。農耕作物的灌溉用水及自家用水的缺乏，是婦女們生活切身的需要，我該向自來水公司反應，並與婦女們共同為部落的生存而戰，向總是載著大頭面具當幹部的部落男人挑戰他們父權的權威。

然而，我要是一個社區工作者的位置，我作為一個部落的主體，我會希望自己是一個可以來去自如，穿梭在不同世代婦女們的中間，聽到、做到一個部落婦女位置上的價值。雖然我一直是在來去，卻也不見得舒適。

做一個社區工作者，我也知道，跟著妳們的腳步會比較快達到妳們要的標準，卻不得不否認這樣會讓自己更快成為被社會邊緣化的人，因為我的行動實踐在今天，已經無法回頭再去跟妳們一起繼續本質化，或某種程度的悲觀化自己，雖然那樣讓我很焦慮。我很願意一直協調解決問題，因為大環境讓妳們的處境必須這樣依賴。我會耐心跟著妳們的腳步，因為我知道我已不太可能跟上妳們的節奏，就像相對主

流社會那樣對待妳們，妳們必須被硬推成和他們隨之起舞，卻氣喘如牛永遠無法跟上。

因此，我除了必須面臨自我處境的了解，也必須對我的部落位置負責。選擇一個行動實踐的理解與民族誌的方式；在參與觀察中辨識，在敘事中自我反映。誠懇的面對自己的不足與反省，理解出的觀點才可能更接近「事實」。

故事的最後總有要說些甚麼的，至於對於自我／原住民知識青年生活的詮釋及實踐，除了必須更多謹慎的反省與再思考，活在部落的當下，實踐做為一個知識份子靠入人群的行動，為了她們當下的需要而行動。雖然我持續還在想哪個行動可以更快解決甚麼…。回到人本身的源初與需求，阿嬤給我的啟示：「不要忘記以前的話！」。而我自己要再加上「（給予）人在不同位置上的理解與移動」。是給我最好的示範與教育！

四、走味／位的原初豐裕社會

部落生活的目標，是緊密的情感連結與依賴關係，重視共享、分享的價值。部落共同生活、分享教養。是一個關係取向的社會價值。而學校教育的目標，是一般平地人教師主位，重視個人表現、個人負責的，並預設西方核心家庭的模式。是一個行為取向的社會價值。

而面對社會價值行為個人取向的學校教育，部落學生

將如何適應，始終是一個「分裂」的議題。而此一分裂，造成原住民社會／學生產生一種自我抵抗的求生模式；大人酗酒、依賴而本質化，而學生認同錯亂（不論是個人認同還是性別認同等因素）造成的各種所謂不適應大社會學校的標準而標籤化，都是一「防護機制」，也是一個社會文化與心理上的因素。然而，大社會通常都還是用一種標準看待「原住民」、「原住民婦女」。

部落原初豐裕的社會依舊存在，存在特定的地理空間。然而部份人的移動與往返，使得這個豐裕的定義，依部落個人／家庭選擇而定義；當你是選擇依賴市場經濟勞動還是部落生計的方式，長出不同的生活模式因而是金錢的匱乏或是精神的飽滿，變成是一種部落人生活方式的選擇而已。而面對一般社會給的不論是「依賴理論」、「現代化發展」，還是「高失業率」、「低社經地位」，似乎就不是太重要的議題了。

文化自主、經濟自主，在歷史上的他者必須要被解放出來，回到多元文化的最衷，應該有益於幫助我們實現各個人在生活中個性的解放，每個人的自我潛能發展，都是依其特性而開的一朵獨特的花。但是在部落的每一種類的種子，該如何自由的綻放，沒有框架的限制？是不是不能離開他本身所孕育豐渥的土壤？還是養護她們的人，可以怎麼協助每一種不同生活習性的作物，在不同的土壤中生根茁壯？

五、一年復始

　　部落婦女的工作除了家居生活的勞動之外，大都是在田裡的農耕度過。偶而多出比平常的工作，就還是為著家族兒孫在忙碌。

　　而部落婦女的假日星期天，通常還是為家人的作息而作息。妹疊阿嬤與沙尼阿嬤都在為著家人一年的溫飽，而種下了新一年的菜種子，不同的是妹疊阿嬤是日復一年，循環著用她所熟悉的種子來溫飽家人，而沙尼阿嬤這幾年都是靠別人的家送來需要的東西溫飽，更年輕的婦女則為著經濟尋求謀生之道，出外工作賺錢養家。新的一年，農耕的播種與學生學校生活的照顧，都是部落婦女的重要工作。

　　新成員的誕生，對於布農族來說，是一個部落共同分享喜悅的事。而死亡有部落接受自然的「善死」，例如病死。另外一種就是「惡死」，例如自殺、在外車禍等意外死亡。伊布的誕生，除了是家族動員的大事，部落關心的議題，也是阿嬤在二、三十年後再重拾小米酒製作器材的重要時刻，因為她要為部落新生兒成員伊布製作小米酒宴請大家喝，也要將製作小米酒的技巧教授給 gugu。因此，阿嬤特別小心謹慎。對於製作小米酒的禁忌是嚴格要求。

　　年底的某一天，窗外的藍天有點藍，阿嬤依然忙著自己大部分的工作時間在菜園裡，然後跟 gugu 分享老家山上的農作物情形。說到新年前要把新的一年要吃的菜種好。說她

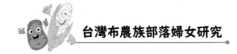
今年除了種豆類及每年都種的南瓜之外，還要種去年沒種的地瓜跟絲瓜，因為今年過年孩子、孫子都沒有吃到她種的地瓜了，都向阿嬤報怨沒吃到地瓜⋯。

而 gugu 在小米收成後，除了繼續照顧她種的其他農作物之外，在生下了 isdenzan 的種子<u>伊布</u>之後，一邊細心照顧她，一邊繼續邁向完成學校的學習。知道種子之於布農族的女性，就是布農族生生不息的自然法則，也是一個布農族部落婦女存在價值的信仰。新的種子在收成之後獲得新的生命，綿延不斷。

參考文獻

天下雜誌（2009.04.08）父母不是最好的老師。pp.133-154。台北：天下雜誌股份有限公司。

Apple, M.W.（1990）. *Ideology and Curriculum.*（2nd ed.）. New York：Routledge. 王麗雲譯（2002），意識形態與課程。台北：桂冠。

王淑容，〈生命的嫁接—隔代教養家庭祖孫生活重要事件與依附關係之敘說研究〉，國立花蓮師範學院國民教育研究所碩士論文。（2004）

丘其謙，《布農族卡社群的社會組織》，中央研究院民族學研究所（1966）。

李安妮，《原住民婦女權益保障政策與實施之規劃研究》（出版地：台北，行政院原住民族委員會，2004），pp.1-25。

余桂榕，〈原鄉隔代教養的迷思：一個布農族妹曇阿嬤與孫女的故事〉，《2007台灣原住民教育新思惟》（台灣綜合研究院，2007）。

余桂榕，〈處境知識中的經驗：她們是這樣長大的！從一個原住民幼教師的童年經驗開始〉，《2008生命敘說與多元文化國際研討會》，（2008，樹德科技大學）。

余桂榕，〈小米文化與原鄉婦女的生命力：一個布農族部落一對母女在小米中的對話〉，《文化研究季刊第七期》（2008，遠流）。

李昭慧（民 91）生命之河—一個中年女性安全感與母職的破解。
輔仁大學心理學研究所碩士論文。

段慧瑩、張碧如，〈花蓮偏遠地區原住民幼兒托育工作之探討〉，
行政院原住民族委員會，《舞動民族教育精靈—台灣原住民族
教育論叢第七輯》（出版地：台北，行政院原住民族委員會，
2006），pp.32-52。

梁莉芳，〈女性主體與知識的建構—以 linahan 的阿美族女性為
例〉，行政院原住民族委員會，《舞動民族教育精靈—台灣原
住民族教育論叢第六輯》（出版地：台北，行政院原住民族委
員會，2006），pp.49-64。

陳惠萍，〈澎湖縣國小隔代教養學童學校適應之研究〉，國立花蓮
師範學院國民教育研究所碩士論文。（2005）

黃應貴，〈台灣南島民族的社會文化變遷 - 作物、經濟與社會：東
埔社布農人的例子〉，《中央研究院民族學研究所集刊》75
（1993），pp.133-169

英文部分

collins, P. H., (2000). Black women and motherhood. In P. H. collins,
*Black Feminist Thought: Knowledge, Consciousness, and the
Politics of Empowerment* (pp.173-199). New York: Routledge.

hooks, b. (2000). *Where we stand*：*Class matters* New York：
Routledge.

Haraway, D.J. (1991) Situated Knowledges: The science question in
feminism and the privilege of partial perspective. In D.J. Haraway.
Simians, Cyborgs, and women: The reinvention of nature. New
York: Routledge.

Hardings, S. (1993). Rethinking standpoint epistemology: What is "strong" objectivity"？In L. Alcoff & E.Potter (Eds) *Feminist Epistomologies*. (pp.49-82). New York: Routledge.

Spindler, G. and L. Spindler eds., (1987.Interpretive Ethnography of Education, NJ: Lawrence Erlbaum.

Apffel-Marglin, F. & Simon, S.L. (999). 女性主義東方論述與發展。《發展的迷思：文化社會研究叢譯 4》。(pp.21-39)。許寶強 & 汪暉選編。Oxford University Press.

Clough, P. T. (1998). Feminist Thought: Desire, power, and academic discourse. 夏傳位譯,《女性主義思想：慾望權力及學術論述》,台北：巨流圖書公司。

網路資源

布農族 http://www.apc.gov.tw/life/docDetail/detail_ethnic.jsp？cateID= A000148&linkParent=96&linkSelf=96&linkRoot=8

原民台 (96.05.23)。茂安被叫寡婦村,婦女不滿。http://www.ch16. com.tw/

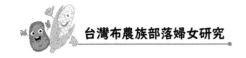

後記

　　事過境遷，在細細回憶故事中的主角，有些人已經離開不在人世間了，有些小孩也長成離開部落了，而更多的是繼續留在部落扮演部落份內不同階段的角色及責任。或許現在大家生活的重心不一樣了，我卻依舊感恩著部落長輩，那些曾經同為社區部落幹部為部落打拼而給我培養及訓練的每一位文化載體。也傳承了那一個父親世代的規範如我這般謹記…。當然我也依舊關照著部落孩子的動態如我部落婦女…。只是關照的方式，因空間及社會角色的位置而不同了，就像這本書出版實踐的對話…。

　　本篇生活田野的故事，是在與每位主角的日常生活互動中，將所有言行舉止及思考的脈絡，似流水帳沒有遺漏的記錄自己的田野生活。我讓紀錄中布農族語法的修辭盡量口白話可讀，因為就是這樣說話的方式，雖然不盡完美的文藻修辭，也反映著作者慣用母語文化模式的差異性，更顯露作為一種抵抗的過癮而開心的敘寫方式。

　　感恩推薦教授們在教學繁務當中或有身體病痛中有形與無形的支持與鼓勵，桂榕自是感荷在心，無以為復！待仰望這本書為原民部落婦女視角提供另一種觀看世界的方式。

國家圖書館出版品預行編目資料

台灣布農族部落婦女研究 / 余桂榕 著 --初版--

臺北市：蘭臺, 2020.05

ISBN：978-986-5633-97-4（平裝）

1.布農族 2.女性 3.民族文化

536.333   109003839

原住民研究叢書1

台灣布農族部落婦女研究

編　　輯：沈彥伶
美　　編：曾幸涵
封面設計：陳勁宏
出 版 者：博客思出版事業網
發　　行：博客思出版事業網
地　　址：台北市中正區重慶南路1段121號8樓之14
電　　話：(02)2331-1675或(02)2331-1691
傳　　真：(02)2382-6225
E－MAIL：books5w@gmail.com或books5w@yahoo.com.tw
網路書店：http://bookstv.com.tw/
　　　　　https://www.pcstore.com.tw/yesbooks/
　　　　　https://shopee.tw/books5w
　　　　　博客來網路書店、博客思網路書店
　　　　　三民書局、金石堂書店
總 經 銷：聯合發行股份有限公司
電　　話：(02) 2917-8022　傳真：(02) 2915-7212
劃撥戶名：蘭臺出版社 帳號：18995335
香港代理：香港聯合零售有限公司
電　　話：(852)2150-2100　傳真：(852)2356-0735
出版日期：2020年5月 初版
定　　價：新臺幣380元整（平裝）
ISBN：978-986-5633-97-4